不屈な25のセンスで結果を出す

仕事ができる人はなぜ決断力があるのか

小森コンサルティングオフィス代表
小森康充

生産性出版

108P
7 Objective Mind
8 コンシューマーイズボス
122P
お客様が1番
64P
3 Do the Right Thing!
2 Best Practice
54P
事実
数字
ロジック
情
情報
8 コンシューマーイズボス
Objective Mind 7
6 コミットメイト
OGSM 5
4 自分の軸を持つ
Do the Right Thing 3
2 Best Practice
情報
「情報収集」
ACTION
MATION
XCHANGE
FEELINGS
時間がたたないうちにやる!
繰り返し言う
強烈な印象
Kenichi 2017

「決断力のリーダーシップ」
VERIFY「解釈」
78P
4 自分の軸を持つ ②インプットとアウトプット
78P
4 自分の軸を持つ ③人は変わる
78P
43P
情報
90P
ラストスパート
言葉
作戦
途中報告
作戦会議
5 OGSM
TRANSMIT 情報伝達
決意
結果
コミットメント君
98P
6 コミットメント
FACTS
FACT「事実」
OBT

ストーリーマップの使い方

前ページのカラーの絵（マンガ）を「ストーリーマップ」と呼びます。私は企業研修でよく使いますが、これを見ながら学習することで、楽しく、興味を持って学ぶことができます。

また、視覚的にもインパクトがあるので、記憶効果、復習効果にも優れている画期的な研修手法であるとも言われています。

ところで、この「ストーリーマップ」作成にあたり、似顔絵白黒部門世界チャンピオンの村岡ケンイチさんと、何十回におよぶディスカッションを重ねました。私が説明した決断力を磨くために必要な重要なポイントがひとめでわかるようにまとめました。

ぜひとも、「ケンイチワールド」をお楽しみいただきながら、決断力のスキルを磨き、優秀なビジネスリーダーになってください。

ここでストーリーマップの全体像を簡単に説明しましょう。あなたのチームをボート競技のエイト（漕ぎ手8人、舵手１人の９人乗り）だとイメージしてください。このマンガは、６つの領域で構成されています。

◎第一領域→マンガの中（情報収集）です。この領域には、「決断力の８原則」の原則１～原則３が含まれます。

◎第二領域→VERIFY（情報確認、解釈）です。

導き出された成功事例の情報を自分の軸と照らし合わせ、どのように解釈するのかを決定していきます。この領域には、「決断力の８原則」の原則４～原則５が含まれます。

◎第三領域→TRANSMIT（情報伝達、説得）です。ここで目標と戦略をメンバーに伝えますが、重要なのはメンバーのコミットメント獲得です。この領域には、「決断力の８原則」の原則６が含まれます。

◎第四領域→INFORMATION EXCHANGE（情報交換）です。メンバー全員が優勝に向けて目標と戦略にコミットメントして全力で行動しなければなりません。「優勝は無理」と弱音を吐いたメンバーがいるかもしれませんが、それを変えていくにはINFORMATION EXCHANGEが必要になります。

◎第五領域→ACTION（行動）です。猛練習後、競技会でメンバー全員の強いコミットメントによって、空を突き抜けて遥かかなたまで、飛んでいく様子が描かれています。ライバルのボートは決断がゆるいだため、滝から落ちてしまいました。

◎第六領域→この領域には、右上の雲の上のふたつの原則です。この領域には、「決断力の８原則」の原則７、８が含まれます。

- ◎１の旗（原則１）目標設定は「具測達一」の原則で立案する
- ◎２の旗（原則２）決断する事柄の情報を集める「Best Practice」
- ◎３の旗（原則３）会社方針と一貫性のある正しい判断を下す「Do The Right Thing」
- ◎４の旗（原則４）長期的なビジネスに焦点をあてて判断する
- ◎５の旗（原則５）本当に決断すべきことに焦点をあてる「OGSMの目標」
- ◎６の旗（原則６）決断をやり遂げる強いコミットメントを持つ
- ◎７の旗（原則７）目標思考を常に持つ「Objective Mind」
- ◎８の旗（原則８）すべてはお客様のために「Consumer is Boss」

はじめに

P&G創始者のウイリアム・プロクターは、次のような言葉を残しています。

「私が今まで見てきた人たちの中で、リーダーシップを発揮できるようになった人々は、共通して次の5つの要素を持っていた。

彼らは一様に積極的で、献身的で、勇敢で、決断力があり、その上、決断したことは必ずやり遂げる。

これら5つの特徴のうち、特に最後の「決断力」が大切だが、どれひとつ欠けても、リーダーシップを充分に発揮できる人にはなれないだろう。

換言すれば、これらの5つの要素をそなえている人は、大いにリーダーシップを発揮し、まちがいなく成功していくことだろう」

問題をあいまいにしたまま、なんとなく慣例や惰性で続いていることを放置してしまうことが、仕事をする中でありませんか。ジャッジすることを避けてしまうのでしょうね。

しかし、問題を先送りしてあいまいにしておくことは、かつての私がそうだったように苦しむことになりかねません。

問題をさわらないでおけば、とりあえず現状維持できますが、決めなければならないときはいつかくるからです。そんな追い詰められた中で決断を下せば、選択肢は限られますし、ミスジャッジも起こりやすくなります。そこで、その場しのぎの下手な手を打ったら、なおさら苦しい思いをしてしまいます。

そうかと言って、「すぐに決めます」と、ふたつ返事もできないでしょう。すべてを受け止めたら自分が大変になるからです。現状維持だって大変で骨が折れるのに、火中の栗は拾いたくないというのが素直な本音でしょう。

問題があったとき、それをやらなければならないことは、みんなわかっています。それでも決断を躊躇してしまうのは、ゴールまでの道筋が見えないからです。道筋が見えていないと、そもそも決断できるはずもありません。

そこで本書では、ただ決断するというだけではなく、大きなビジョンを打ち出し、結果をつかむまでやり抜く理論と実践法を体系化しました。

出たとこ勝負のイチかバチかでは結果が出るはずもなく、結果を出すためには用意周到な準備が必要です。また、そうでないとそもそも決断できません。第1章でこうしたプロセスを理解し、決断してから結果を出すまでの「8つの原則」を理解し、ワークショップとの併用によって、決断力をスキルとして身に着けます。

さらに、第2章以降では、情報収集術や交渉術、仕事術など、決断から結果を出すまでのプロセスを支援する具体的なテクニックについて解説しています。

第1章のメソッドを理解し、習得するだけでも結果を導くことは可能ですが、第2章～第5章の応用テクニックを駆使することで、目標達成をより強力に支援するようになっています。

ぜひ、あわせてごらんください。

平成29年11月吉日

小森康充

目次

CONTENTS

CONTENTS

第2章 情報収集術

第3章 問題解決力

CONTENTS

第5章　仕事術

CONTENTS

エピローグ　人は変われる

カバー・本文デザイン／茂呂田剛（有限会社エムアンドケイ）
ストーリーマップ／村岡ケンイチ
本文イラスト／宮澤槙

プロローグ

答えは決断力にあった

エグゼクティブは、決断が早くて明快

私は独立するまでの20数年間のサラリーマン人生を一貫して外資系のグローバル企業で過ごしました。

最初に入社したのは、P&Gです。この会社は世界180カ国に商品を供給し、70カ国で事業拠点を展開する世界最大の日用消費財メーカーです。

その後、フランスに本社を置く化粧品会社のロレアルに移籍し、営業マネージャーとして勤務しました。この会社も世界140カ国でビジネスを展開し、化粧品メーカーとしては世界最大の会社です。

さらに、ご縁があって、アメリカの高級皮革製品ブランドであるコーチに再移籍し、独立するまでの期間（1年弱）を過ごしました。

勤務地は基本的に日本国内ですが、世界に幅広く拠点を展開するグローバル企業に長く在籍したおかげで、アメリカ、ヨーロッパ、日本を含むアジアなど、あらゆる国・地域のエグゼク

ティブに接する機会に恵まれました。

その中で、強烈に印象づけられたことがあります。

それは、国や人種によらず、成功しているエグゼクティブはおしなべて、決断が極めて素早く、かつ圧倒的に明快である、ということです。

ランチを食べにいくという日常の行動ひとつとっても、とにかく速い。車を降りると迷うことなく一直線に店へと向かい、席に着いてメニューを見るなり、ぱっと一瞬でオーダーを決めてしまう。歩くのもすごく速く、うっかりしていると置いていかれるので、こちらは常に小走りでついていかなければなりません。

とくに、欧米人のエグゼクティブほどそのような傾向が強いので、最初のころは、欧米人というのはなぜ、こうもせっかちなのだろうと思ったものです。

けれど、何人ものエグゼクティブに接しているうちに、彼らがとりたててせっかちな性格というわけではないことに気づきました。

よくよくつきあってみると、おっとりした性格の人もいますし、大胆な人も慎重な人もいることがわかります。本人の基本的な性格や性質とは無関係に、成功しているエグゼクティブは、とにかく決断が早くて明快であるという点において見事に一致しているのです。決断がスピーディーで明快であるということは、本人の性格や性質によるものではなく、スキルだったのです。

そんな彼らのスキルがもっとも発揮されるのは、もちろんビジネスの場面です。

多くの重要で、かつ複雑な事柄がからむ、むずかしい問題を彼らは実に明快、かつ素早くてきぱきと決断していきます。人間だから、必ずしもすべて正解するわけではなく、時にミスジャッジもありますが、基本的に判断は的確です。

仮に判断ミスがあっても中止やリカバリの決断もまた早いので、極めて短期間で確実に成果を上げることにつながっています。

私も決断力はなかった

日本人のビジネスパーソンの中にも優秀な人はたくさんいます。ただ、こと決断力においては、欧米、とくにアメリカで活躍するビジネスパーソンにおよびません。それが、素直な感想です。なぜなのでしょうか。

これは能力の問題ではなく、文化の問題なのだと私は感じています。どうも、日本人は決断を好まないところがあるようです。問題をあいまいなまま先送りし、自分の中で抱え込んでしまう傾向がある。

欧米人のようにいつ何時でも、物事に白黒つけることがいいと、言いたいわけではありません。世の中にはあいまいなままで良いものもたくさんありますし、あえて答えを出さないでおいたほうがうまくいく場合も多々あります。しかし、ビジネスの場面では、あいまいなまま放置し、決断しないで問題を先送りすることで、良いことは何もありません。それればかりか、非常に大きなリスク要因になっています。

私自身、P&Gに入社したてのまだ若いころ、苦い経験をしました。

新卒で入社した私は、営業部員として大阪支店に配属され、和歌山県全域の営業をひとりで担当することになったのです。

交渉相手は海千山千のバイヤーです。大学を出たばかりの新米営業マンが太刀打ちできるはずもありません。商談の中身も、バイヤーに言われた通りの値段に応える、いわゆる「協賛金営業」が実態です。

交渉も何もなく、バイヤーの要求に応えられるかどうかだけが問われますので、当然、取引は常に相手のペースで進められます。こちらの要求はあまり聞いてもらえず、いいように値切られてしまうことばかり。それでも数字が欲しい私は、無茶な要求でも甘んじて受け入れるしかありません。ときには、会社の規定にない値引きを約束してしまうこともありました。

取引先とのパートナーシップのもとにウィンウィンの関係を築くとか、お客様にP&G商品を使うことを通して、快適な生活を提案するといった理想とはどんどんかけ離れ、ただ数値を追いかけるばかりの毎日。売れるなら、ルールを曲げることもいとわなくなり、効率の悪さを体力頼みの根性営業でカバーしていました。

そうやって、どうにか結果は出していたものの、毎日が忍耐の連続です。バイヤーとは顔見知りになっても本当の信頼関係を築くことはできず、顔を合わすのも本当はいやでした。会社では認めていない値引きの約束をさせられ、どうやって協賛金を作ろうかという算段で頭はいっぱい。体力頼みの根性営業ゆえ、肉体的にもハードです。朝起きたとき、また今日も地べたを這いつくばるような一日が始まるのかと思うと、心から憂鬱になった日もありました。

このころの私は、理不尽な苦しみに耐え忍んで社会人になっていくものなのだろうと自分を言い聞かせていたのです。けれど、後に私は自分の間違いに気づくことになります。

会社は、私に耐えることなど求めていませんでした。私に求められていたのは、ある決断だったのです。

なぜ、仕事で苦しんでいたのか

苦しみの中でもがいていたころの私は、まさかその苦しみを自分自身がもたらしているとは思ってもみませんでした。

取引先から不利な契約を持ちかけられるのは、会社や商品にブランド力がないことが原因であり、いち営業員の自分にどうにかなる問題ではなく、もっとキャンペーン費や販促費をかけてくれれば、私だってこんな苦労はしなくていいのに、といつも考えていました。会社のために自分が損をかぶり、体制の不備を必死に飛び回ることで補っていたつもりでいたのです。

しかし、そういう状況に追い込んだのは会社ではなく、私自身の決断力のなさでした。

値切られてしまうのは、会社にブランド力がないからだというのは私の思い違いです。根本的な原因はそこではありません。確かに、外資系のP&Gが、日本市場で先行する国内の大手メーカーを追いかけるのは大変なことです。でも、「いつか花王やライオンを追い越すんだ」という高い目標を立てて、日々そのための手を打ち続けることなくして、いつまでたっても追いつくことはありません。

つまり、会社が求めていたのは、地べたを這いつくばるような根性営業ではなく、P&Gが花王やライオンに負けないブランドになるためにはどうするか、それぞれの立場で考え、必要な手を打つことでした。

会社のルールに反する値引きを受け入れたのも、「自分が何とかすればいい」と覚悟を決めたつもりでいたけれど、よくよく考えれば、単に押し切られていただけです。会社は営業をかけろ、契約をとれ、と言っても、そのためならルールを破ってもいいとは言っていません。会社のルールに反するなら、「それはできません」と断るべきなのです。

それを断ることができなかったのは、私の判断の迷いにあります。ここで取引先にへそを曲げられたら、今後の営業がやりにくくなる。逆に、いい顔をしておけば、これまで通り注文をくれる。そうすれば、自分の成績も上がるし、余計な仕事を増やすこともないという私の都合でした。

結局私は、日々一生懸命にやってはいるけれど、大きな目標もなく、どこへ向かうのかという目的も持たず、ただ目の前にある業務をこなすのに終始するだけで、根本的な問題はいつまでたっても解決しないまま、状況に流され、追い詰められた末に、仕方なくその場しのぎのジャッジをしていたのにすぎませんでした。

会社が求めていたのは、P&Gを日本一のブランドにすることだったのに、大きな使命に立ち向かう決断を避け、自分の得点稼ぎに終始していたわけです。結果として安易な安売りに応じてしまい、なおさらブランドイメージを下げ、自分自身で仕事をやりにくくしていたのです。

大きな目標をやり抜く決断をくだせ

根性営業と協賛金営業で何とか営業成績を残すことができた私でした。しかし、そのまま続けていたらどうなっていたでしょう。

体力勝負の営業を3年間続けた結果、私はとうとう体調を壊し、1カ月ほど戦線離脱を余儀なくされました。若かったので、どうにか復帰できたものの、30歳になっても40歳になっても同じことを続けられるかといえば、当然無理です。

それに協賛金営業も、そろそろ限界にきていました。最初のうちは扱っている額も小さかったのでどうにかなりました。しかし、だんだん額も大きくなってくると、次第にやり方も手が込んでいきました。あのままエスカレートしていたら本当にやってはいけないことに手を染めていたでしょう。よしんばうまく乗り切ったとして、課長、支店長と昇格していったときに、部下に同じことをさせていただろうし、そうなれば個人の不正ではなく、組織ぐるみの不正になってしまうところでした。

会社は決して私にそんなことは求めていなかったのに、自ら泥沼に入ってしまっていました。これをして決断力があるとは言いません。何も考えていないから、目の前の仕事にただただ追われるばかりで、問題はいつも山積したまま。それでも決めなければならないときはいつかきます。

追い詰められて切羽詰まってやっと意思決定するから、選択肢は限られます。ときには、打つ手がなくなってしまい、ルールを曲げてしまうことになるわけです。

では、私が何よりも優先すべきことは何だったのでしょうか。それは、大きな目標に立ち向かう決断を下すことです。

ここで、冒頭で話した、成功しているエグゼクティブは決断が早くて明快であるということを思い出してください。

彼らが共通してやってきたことは、大きな目標に立ち向かう決断を下し、結果が出るまでやり抜くことでした。いまでは世界最大の消費財メーカーになったP&Gであっても、良いときばかりではありません。会社の体制が十分ではないところも多々あったはずです。それでも、彼らは高い目標を立て、やり抜いてきたからこそ高い地位につき、成功を収めたのです。

あなたをとりまく状況も、あなただけではどうにもできない問題が数多くあることでしょう。それでも、飲みに行って環境の悪さをあげつらい、溜飲《りゅういん》を下げたところで何の解決にもなりません。大切なのは、どのような状況であっても、自分自身でやると決断し、結果が出るまでやり抜くことです。

会社が変わってくれることを望むのは不毛です。あなたを取り巻く状況は、あなた自身が変えていくしかありません。それでも会社の態度が変わらなかったら、そのときは、働く場所を変えればいい。

あなたが現状を変えられるようになれば、何も心配はいりません。現状を変えられる人材はいつでも求められているし、どれだけ報酬を払っても惜しくないと思っている経営者は多いのです。

大きな目標への挑戦はおもしろい

大きいビジョンを打ち立て、やると決断して結果がでるまでやり抜けと言われて、尻込みしてしまう人が少なくありません。

ヘタに高い目標など立ててしまったら、自分が大変になるだけではないだろうか。あるいは、やると決めて取り組んだのはいいけれど、結果が出なかったらどうすればいいのだろうか、と不安になってしまうのです。

しかし、実は、いったん決断を下してしまえば、後が楽。

もちろん、肉体的には大変なこともあるし、頭も使います。でも、迷っているときと比べて気分は、はるかにすっきりしています。

それに自分で「やる」と決めれば、あとは目標に向かって全力でやるだけなので、攻略的なおもしろさがあり、大変な状況さえ楽しむことができます。

たとえば、P&Gで営業をしていたころのことです。会社が「レモンチアー」という新商品を出しました。いまでこそトップブランドの一角を占めている洗剤カテゴリーですが、日本市場でP&Gがコンパクト洗剤を販売するのは、このときが初めてです。本国ではそれなりに実績があるとはいえ、日本の消費者にどれほど受け入れられるのか、未知数でした。

その発売を前に、士気高揚のため、近畿地区の全員が大阪支店に集められ、決起集会が開かれました。営業一人ひとりがレモンチアーの販売目標を発表する中、私は「1万ケースやります」と大見栄を切ったのです。他の人は、だいたい4000～5000ケース、多くて6000ケースを目標にしていたので私だけ、約倍です。

そんな大風呂敷を広げてどうなったのか、結果から先に言うと、私は1万ケースという目標を達成することができず、8000ケースぐらいで止まってしまいました。

とはいえ、他の人も似たようなもので、5000ケースとか6000ケースという目標を言っていた人は、たいていそこまでいかず、4000とか4500といったあと一歩のところで息切れしてしまいました。

私が頭一つ抜けることになったわけです。私は、目標を1万ケースに設定したというだけで、特別な秘策があったわけではなく、実際、やっていることは他の同僚とまったく一緒です。

では、なぜ、私は8000ケースで同僚は4500ケースしか売れなかったのか。

実は、これが決断力の差なのです。

後で聞いたところ、会社が見込んでいた数値は5000ケースだったそうです。それは、マーケティングリサーチなどによってはじき出した予測値でした。他の人がたてていた5000ケースとか6000ケースという目標は、会社の予測値を知っていた上司から指示されたものだったわけです。

これに対して、私の1万ケースという目標は、上司に指示されたものではなく、自分で決断した目標でした。

すると、どうなったかというと、上司に指示された5000ケースの目標を追いかける人たちは、毎日大変な思いをしながら必死で走り回っていました。そのときの私はと言うと、自分で決めた1万ケースという目標にワクワクし、毎日張り切って営業していたのです。他の人は5000ケースが目標なのに、私はその倍ですから、達成できればトップ営業は確実です。初のタイトル獲得に私は燃えました。

「決断」はスポーツ感覚で楽しもう

自分で目標を決断した私と、そうではなかった同僚で、なぜこのような違いが生まれたのでしょうか。

同僚は自分では目標数値を決めず、上司、会社から指示された目標値を甘んじて受け入れただけです。目標数字には何の根拠もなく、上司にそう言われたら仕方ない、何とか達成しようとするけれど、毎日、大変で苦しい思いをして営業に走り回っています。そうしてやっと目標値が見えてきたところでホッとして気が緩み、結局は未達になるわけです。

では、私はどうでしょう。

私の「1万ケース」という目標値についても、確信があったわけではありません。根拠もあってないようなものです。

とはいえ、私にはある程度、勝算がありました。

根性営業で現場を走り回っていた私は、小売店の状況を毎日、見ています。競合のコンパクト洗剤の新商品が発売されることになったので、営業に行ったついでに洗剤売場がどうなっているのか、観察していたのです。

すると、売れている商品というのは、どの店に行ってもしっかり品揃えしてあるということが何となくわかってきました。洗剤売場にはまだ余裕があって、P＆Gのレモンチアーが入り込む隙はありそうです。テレビCMも大々的にやっていましたので、きちんと品揃えすれば売れるはずだという目算がたったわけです。

そうして、自分が担当していたエリアの小売店にそれぞれ何ケースずつというのを合算したら1万ケースになったので、「1万ケース」を目標にしたのです。

目標を決めたら、あとはやるだけです。あらかじめ、「この店は何ケース」というシミュレーションをしているわけですから、それを粛々とやっていくことにしました。

むろん、こちらの勝手な予測ですから、シミュレーション通りにいくことばかりではありません。まったく相手にされず、けんもほろろに追い返されることもあれば、その逆に、予想以上に仕入れてくれることもありました。

そうした状況そのものは、従来とまったく変わらないし、同僚と条件は一緒です。でもこちらは気持ちが乗っていますので、「今日は、ばっちり当たった」「今日は、だめだった」と、まるでスポーツの試合を楽しむようなもので、うまくいかないとやっぱり悔しいけれど、そうしたプロセスさえ楽しかったし、「今日はだめだったけど、明日、がんばろう」という気持ちになれたのです。

気分的なものだけでなく、こちらがノリノリで毎日張り切っていると目立ちますので、上司がそれとなく気にかけてくれたり、取引先も私の熱に引っ張られて、「そんなに言うならちょっと仕入れてみるか」という気になるわけです。

1カ月後、結果として目標に掲げた1万ケースはいかなかったものの、会社が事前のマーケットリサーチによって想定していた5000ケースを上回る実績になり、私は初めてトップ賞をとることができたわけです。

常に決断できる人になれ

自分で決断することによって、大変なことさえ楽しめるようになります。それでも、あなたは大きな目標に向かっていくことをためらうかもしれませんが、心配無用です。決断力はスキルです。スキルである以上、誰でも身につけることができます。

欧米のビジネスパーソンに対して、日本人は決断力に乏しい傾向があるのは確かですが、これは日本人の能力が劣るわけではなく、実に教育の差です。

私もP&G入社時点で決断力のスキルは育っていませんでした。たまたまレモンチアーの営業では成功しましたが、いつでも格好よく決断できたわけではなく、結果は安定しません。

このためにしばらくはたいへん苦しい思いをしましたが、その後、トレーニングを受けてこのスキルを身につけ、根性営業から脱することができました。

転機が訪れたのは入社3年目のことです。このころ、私も苦しんでいましたが、会社の状況もあまりよくありませんでした。何とか現状を打開しようと会社が決断したのは、新入社員から支店長まで、全営業社員を対象とする営業力強化トレーニングを行うことです。

さっそく推進役として、元気のいい若手が全国の支店から集められ、私もメンバーに選ばれて大阪の本社に呼び出されました。

集まったのは4人。全員20歳代です。そこで何をやるかというと、アメリカからトレーナーを招き、日本の現状を踏まえたトレーニングメニューを作ってもらい、授かった教えを私たち自身がトレーナーになって、全国の営業所をキャラバンで回るというものです。

このときに教育係として来日したのが、P＆Gの世界ナンバーワントレーナー、ボブ・ヘイドン氏です。いまでも尊敬してやまない心の師であり、私の人生を変えてくれた恩人です。

ヘイドン氏に教えてもらった営業のやり方は、私がそれまでやっていた方法とはまったく違うものでした。私がやっていた営業のスタイルは、一件でも多く取引先を訪問し、ひたすら根性で注文を取るというだけの非効率な方法。

これに対してヘイドン氏から教わったのは、取引先と本当の信頼関係を築き、協力してお客様の問題を解決することや、日常生活をより快適に過ごしていただく提案を通して、ビジネス上の成功を目指すという、まさに王道の理想的な方法論でした。

私が和歌山県で3年間やっていた営業方法をそのまま続けていたら、協賛金に頼った営業手法が限界になるか、体力が尽きて身体を壊してしまうか、いずれにしても破たんへと一直線に向かっていました。ヘイドン氏との出会いによって、私の運命が大きく転換したのです。

決して決断力のあるほうではなかった私も、ヘイドン氏のトレーニングを受けることによって、素早く正確な決断ができるようになりました。すると、体力勝負の根性営業から脱し、あれだけ辛く苦しかった仕事が毎日楽しくてしょうがない状態になったのです。

私だけではなく、私自身がトレーナーとなり日本人の社員を対象にヘイドン氏に作ってもらったトレーニングを実施すると、次々と結果が出ました。やがてP&Gは日本市場での低迷を脱し、国内でも有数のブランドとして発展を遂げたのです。

8つの道筋を守れば結果は出せる

決断は勇気のいることではありますが、決して恐れることはありません。結果を手にするための道筋はきちんとあります。

ゴールにたどり着く方法さえわかっていれば、立ちはだかる幾多の大きな障害も何ほどのことはありません。大変な状況さえも楽しむことができます。では、結果を手にするまでの道筋とはどのようなものでしょうか。それが、次の8つの原則です。

原則1 目標設定は「具測達一」の原則で立案する
原則2 決断する事柄の情報を多く集める「Best Practice」
原則3 会社方針と一貫性のある正しい決断を下す「Do The Right Thing」
原則4 長期的なビジネスに焦点をあてて決断する
原則5 本当に決断すべきことに焦点をあてる「OGSMの目標」
原則6 決断をやり遂げる強いコミットメントを持つ
原則7 目的思考を常に持つ「Objective Mind」
原則8 すべてはお客様のために「Consumer is Boss」

簡単に説明すると以下の通りになります。

原則1 目標設定は「具測達一」の原則で立案する

ビジネスの目標を設定する際に重要なポイントは①「具体的」、②「測定可能」、③「達成可能」、④「一貫性」です。頭文字をとって「具測達一の目標設定」の原則（「具測達一」の原則）といいます。

目標は、数字、期限、固有名詞を入れて具体的に設定します。具体的に設定することで、途中経過の進捗状況を測定することができます。また、達成可能かつチャレンジングな目標でなければなりません。そして、大事なことは会社目標との一貫性です。

具測達一の目標設定ができるとそれは、効果的な目標となり、実行段階で達成の可能性がアップするのです。

原則2 決断する事柄の情報を多く集める「Best Practice」

情報収集は、決断する事柄の全体像を把握するために重要なポイントです。特に自分にとって自信のない問題であれば、関係すると思われる情報はすべて揃えるようにしてください。

情報源として利用できるものは、①会社が保存している資料、②上司、同僚、得意先からのインプット、③業界紙、書籍、インターネット情報などがあります。有効な多くの情報を収集、分析することで正しい決断の方向性が見えてくるのです。

多くの情報収集をする目的は成功事例(Best Practice)を見つけることです。成功事例を「FACT（事実）」「MATH（数字）」「LOGIC（論理）」で分析することで、今回の決断の重要ポイントが導き出されるのです。

原則3　会社方針と一貫性のある正しい決断を下す「Do The Right Thing」

会社方針は従業員による仕事上の決断、行動の指針となるものです。一般的な会社方針は「正直・誠実」「顧客満足」「信頼関係」などがあるでしょう。仕事上のすべての行動において「それは正直・誠実な行動か？」「それは顧客満足を上げる行動か？」「それは相手との信頼関係を深める行動か？」という会社の価値観に基づく行動を決断することが重要です。

ポイントは「Do The Right Thing」正しいことをする、という価値観です。ビジネスの決断に迷ったとき、常に「それは正しいことか？」という質問を自問自答してください。

原則4 長期的なビジネスに焦点をあてて決断する

リーダーがよくやってしまう失敗は、短期的な成果のために長期的な成果を犠牲にしてしまうことです。もちろん短期的な今月の成果も重要ですが、それにこだわるあまり年間の長期的な成果にマイナスになる決断をしてはなりません。会社の長期的な成長に焦点をあてて決断することが重要です。

また決断力のあるリーダーは、「自分の軸」を持っています。軸がブレないから常にスピーディに正しい決断を下せるのです。

自分の軸を持つには「自分は何者か？」を知ることが重要。自分を知るには、「日々、何をインプットして、何をアウトプットしているか」を分析するようにします。インプットはどんな本を読み、どんな話を聞き、何を考えているかなどの行動です。アウトプットは何を話し、何を書き、どのような行動を起こしているかです。

日々のインプット、アウトプットを変えれば「自分は何者か？」を変えることもできます。

原則5 本当に決断すべきことに焦点をあてる

本当に決断すべきことに焦点をあてることは、仕事上のあらゆる局面で、自分が決断すべきこととそうではないことが、混在していることを示します。

リーダーがよくやってしまう失敗は、「上司または部下がすべき決断を自分が下して行動してしまった」「決断すべきポイントが違っていた」というものです。会社方針、ビジネスの目的、役割分担を考慮して誰がその決断を下すのに最適な人か？　決断すべきポイントは何か？　これを深く考えることが重要です。

リーダーは、効果的に部下へ役割を権限移譲しなければなりません。そのときに効果的な手法が、OGSMの手法です。部下に目標と戦略を伝達するのに、「Objective（目標を言葉で）」「Goal（目標を数字で）」「Strategy（戦略を言葉と数字で）」「Measurement（戦略の測定方法のシート、タイミングなど)」のOGSMの原則を使うと、効果的に目標と戦略がチームに落とし込まれます。

原則6 決断をやり遂げる強いコミットメントを持つ

正しい決断をしても、行動がともなわなければ成果はでません。リーダーは「何が何でもやってみせるぞ」という強いコミットメント(決意)を持ち、チームメンバーに態度で示すことが重要。必ず結果を出すという強い行動力が、決断の成果に結びつきます。

原則7 目的思考を常に持つ

目的が明確でなければ軸がぶれ、正しい決断ができなくなります。P&Gでは、上司は部下に対して常に「目的は何?」という質問を繰り返します。「会議を開催します(部下)」——目的は何?(上司)」「企画書を作成します——目的は何?」「得意先と商談します——目的は何?」という感じです。この繰り返しにより、目的志向が鍛えられます。

目的志向は重要で、明確な目的思考に基づく決断と行動がビジネス構築に結びつくのです。

優秀なリーダーは常に「目的は何か？」、この質問を自問自答できる人です。

原則8　すべてはお客様のために

ビジネス上の決断を迫られたときにもっとも重要なことは、「それはお客様のためになるか？」「そのプランはお客様に喜んでいただけるか？」「お客様を笑顔にするか？」を自問自答することです。

誰のために仕事をしているのか？　ここがブレてしまうと物事はうまくいきません。

ビジネスマンがもっとも重視すべき判断軸は、「Consumer is Boss」といえます。

ビジネスリーダーの優秀さとは、本人が過去に下した決断の実績が手がかりになります。

リーダーの決断で一番してはならないことは、「何をしていいかわからないので何もしない」ことです。起こっている問題に対して、何の対処もしないと最終的には会社がつぶれることにもなりかねません。「何をしていいかわからない」という理由は、「決断力の8原則」が理解できていないからです。

リーダーは会社方針に則り、常に目的意識を持ち、すべての有効な情報を収集分析し、長期的なビジネスに焦点をあてて決断することです。そして本当に決断すべきことに焦点をしぼり、決断したことは必ずやり遂げるという強いコミットメント（決意）を持つことが重要です。

「決断力の8原則」を実践し、優秀なリーダーとなって活躍しているあなたとお会いできる日を楽しみにしています。

第1章

圧倒的な成果を出す

第1章の活用法

このパートの目的は次の3つです。

❶ 決断力を養う道筋はトレーニングで身につくことを理解する。

❷「決断力の8つの原則」を理解する。

❸ 決断したことは必ずやり遂げる、というコミットメントの重要性を理解する。

これらの3つの目的を達成するため、
次のように活用してください。

①原則を理解

８原則を読み、理解できたらワークを実践します。

②ワークの実践

「決断力の８つの原則」に沿ったビジネスシーンを設定します。あなたがある会社のリーダーで、後輩の田中君を育成するという内容です。自分ならどのように田中君にアドバイスするかを考えてみましょう。問題と模範解答をそれぞれ掲載しているので、ワーク形式で学べるようになっています。

③自己評価の実施

自己評価シートは、「決断力の８つの原則」ができているかどうかを５段階評価するものです。

「今日からこの原則にしたがって行動変革をする」と決意し、実務の中でワークを実践し、半年から１年後に再度評価して、オール４、オール５の評価になるように目標設定することをオススメします。

1「具測達一」の原則を役立てる

トレーニングで決断力は身につく

決断力を発揮するには目標が必要です。目指すべきゴールがなくては決断できません。目標設定で重要なポイントは、次の4つ。これらの最初の文字をつなげて「具測達一」と呼びます。

①具体的
②測定可能
③達成可能
④一貫性

①具体的

目標設定に限らずビジネスにおいては、数字、日付、固有名詞、これらの極めて具体的な事柄がなければ話になりません。私が営業課長で山田君という部下がいたという過程で次のようなやりとりがあったとしましょう。

ある日、山田君が息せき切って私の席にやってきて、こう報告しました。

「小森課長、大変です。競合の花王のメリーズブランドの新商品がすごいらしいです」

「どうすごいんだ?」

「とにかく、画期的な商品みたいなんですよ。うちも対策を打たないとパンパースが売れなくなってしまいます」

なるほど、山田君の慌てている様子から、相当に大変そうだということは伝わってきます。

しかし、小森課長は山田君のこの報告では、どんなアクションもできません。

なぜなら、何も具体性がないからです。

「花王のメリーズブランドの新商品がすごい」

と言われても何がどうすごいのか、山田君の話からさっぱり見えてこないのです。

では、具体的な報告とはどのようなものでしょうか。

同じシチュエーションで見てみましょう。

「小森課長、大変です。花王のメリーズブランドの新商品情報が入りました」

「おお、どんな情報だい」

「発売日は10月1日、価格は2980円です。高分子吸収体を20％増量して、尿漏れを徹底的に抑える仕様です」

「それが本当なら、うちの製品以上じゃないか」

「はい、しかもテレビコマーシャルを3カ月間入れるそうです」

「しかし、その情報、どこまで信頼できるんだ」

「この情報は○○卸店の山本部長からもらいました。山本部長の情報はいつも極めて正確ですので、この情報も80％ぐらいの確立で当たっているはずです。うちのパンパースも何か対策を打ったほうがいいと思います」

これぐらい具体的な情報を得られたら課長である私は、山田君の話をベースに本社の企画部長にレポートを提出できます。すると、会社全体で素早く対策に動けるわけです。

②測定可能

測定可能とは、数値に換算することです。現状から目標までの差、対策を打ったときの進捗度を明確にし、より目標達成の可能性を高めることになります。

たとえば、陸上競技の選手が目標を掲げるときに、「オリンピックに出場する」という目標では、具体性がなくいささか弱い感じがします。あえて言えば、「オリンピックに出場する」というのはビジョンであって、目標ではありません。オリンピックに出るためにはどのような条件を満たさなければならないか、これがわからなければいけません。

調べてみると、オリンピックに出場するには、日本陸上競技連盟が定めた選考レースで記録を出し、決められたレースで結果を出すといった参加条件が公表されていることがすぐにわかるはずです。標準記録は○秒以内で、◯◯というレースで、○位以内ということが決まっているのですから、あとはやることがおのずと導き出されます。

たとえば、自分のベスト記録と出場条件の記録の間に、3秒の差があったとしましょう。どうすれば、この3秒の差が埋められるかを考えます。筋力トレーニングの強化で1秒、フォームの改善で1秒、スタートダッシュの強化で1秒といったように仮説を立てていき、実践しては進捗状況を見て練習方法や戦略を工夫する。こうした継続的努力の積み上げによって、始めて目標値に近づいていくのです。

ビジネスの場合も同様、「ライバルを抜く」というのはビジョンであって目標ではありません。ビジョンを具体的な指針になる指標に落とし込むためには、測定可能な数値に置き換える必要があります。

つまり、これらのビジョンを達成するには、どれだけの売上を達成すれば業界1位になれるのか、ライバルを抜けるのか、そこを明確に数値化し、現状との差を測定、達成期日を決めて年間目標、月間目標、週間目標、日間目標に落とし込む。そして、毎日、達成度合いをチェックして修正を加えながらゴールへと向かうわけです。

③達成可能

目標値というのは、そもそも達成可能でなければなりません。物理的に不可能な夢みたいな数字ではダメです。かといって、ちょっと頑張れば達成しそうな無難な数値というのも感心できません。高いビジョンを示し、チャレンジングかつ達成可能な目標を必死になって考えることが重要です。

私自身の経験で言うと、P&Gが買収した化粧品会社、マックスファクターの営業所長をやっていたときのことを思い出します。金沢の大きなショッピングセンターにマックスファクターが出店することになり、金沢担当の営業は張り切っていました。そこで販売員みんなが結束できるようなビジョンがほしいと思った私は、金沢担当の営業と一緒に、「施設内の化粧品店の中で売上ナンバーワンを目指そう」というスローガンを発表しました。

これがいかに無謀なビジョンかと言うと、このときショッピングセンターに出店していた化粧品ブランドは、資生堂、カネボウ、コーセーといったいずれも国内トップブランドの面々だったのです。

売上規模で言えば、マックスファクターはその中で断トツの最下位。宣伝量も販売員数も販促費もまったくかないません。そんな中で「ナンバーワンを目指す」と言えば、よほど業界事情に疎いか、そうでなければただの大ぼら吹きです。

でも、現場のやる気を引き出すために、私たちはどうしてもこの無謀とも思えるビジョンを叶える必要がありました。

もちろん、普通にやればどう頑張ってもたどり着いた目標が、「1カ月だけでいいから1位になろう」というものです。そこで、頭をひねって無理でも、12カ月のうちの1回ならトップをとれるのではないかと考えました。年間を通して1位を獲得するのは無理。

具体的に何をしたかというと、ショッピングセンターにかけあって、通常の売場とは別にイベントスペースを1カ月特別に貸してもらい、セール品を大量に陳列。普段は月に1度しかやらない販促を毎週実施し、北陸地方の美容部員を総動員して販売にあたりました。要するにヒト、モノ、カネを集中したのです。

その甲斐あって、普段の月の3倍の売上を記録。宣言通り、たった1カ月のことではありましたが、実際にトップをとったのです。

④一貫性

マックスファクター化粧品をあるショッピングセンターの化粧品売り場で、売上1位にするという目標を達成できたのは、なぜでしょうか。

さも私がやったようなことを言いましたが、実のところ成し遂げたのは私ではなく現場の販売員です。私がやったことは、現場の声を救い上げ、彼ら、彼女たちが本当に成し遂げたいことを具体的に目標設定したまでのことです。

みんな口には出さないけれど、悔しい思いを持っていたのでした。マックスファクター化粧品は、品質や品揃えでは決してライバルに劣っていないのに、日本ではどうしてもブランド力が弱い。マックスファクター化粧品のよさをもっと多くの人に知ってほしいというのが、彼ら、彼女らの願いでした。そうした気持ちに火をつけたことで現場が自発的に盛り上がって、とてつもない目標を達成したのです。

もう一つ重要なことは、なぜヒト、モノ、カネが集中できたかです。

これらは、当然ながら会社の許可なく勝手に動かせるわけではありません。たとえ現場が求めていることであっても、会社のルール、経営方針、事業計画の範囲を超えて現場を動かすことは許されません。

会社方針と一貫性のある目標設定が前提になっていたから、会社の支援、上司の理解、同僚の応援を受けて、ヒト、モノ、カネが動かせたわけです。

書き込み式

先輩鈴木と後輩田中の

ワークショップ01

目標設定をする場合には、会社の方針と現場の動きに一貫性があるかも踏まえましょう。

原則1 「具測達一」の原則で行動しよう

あなたはある会社の営業リーダーの鈴木さんです。後輩の田中君に「今月の目標は何かな？」と尋ねました。すると、「はい、今月の目標は頑張って新規開拓をたくさんとることです」と、田中君は答えました。

Q1 この目標の立て方で問題になるのはどこでしょう？

Q2 田中君にどんなアドバイスをしますか？

答えは次のページへ

ワークショップ01

先輩鈴木の 模範解答

Q1 この目標の立て方で問題になるのはどこでしょう?

＼ Answer ／

目標は、「具測達一」の原則で立案することが必要。こうした視点から見ると、田中君の目標は「頑張って新規開拓をたくさんとること」ですが、数字も期限も具体的な得意先名もありません。これでは結果測定ができません。いつまで、何を、どのように実行するのか、誰にでもわかるように答えることが大事なポイントです。

Q2 田中君にどんなアドバイスをしますか?

＼ Answer ／

前回の会議で目標設定の「具測達一」の原則を教えたよね。「具測達一」とは何だったかな?

はい、たしか目標は具体的、測定可能、達成可能、一貫性のポイントで立案することでした。

そうだよね。では聞くけど、田中君の目標は、具体的かな?

新規開拓をたくさんとる、と言いましたが、数字は入っていませんでした。

では、どのような
目標が具体的かな？

**今月は、
新規開拓を6件とります。**

その目標は達成可能で、かつチャレンジングかな？　先月の新規開拓は何件だったのかな？

**先月は、
8件でした。**

では、達成可能でチャレンジできる目標は何件かな？

2 「最も優れた先行事例」を集めよ

似たような目標作りから始めよう

物事を決めるには、会社方針との一貫性を前提とした上で、現場の意気が上がるようなワクワクする目標を設定できるかどうかが、カギだという話をしました。

1年12カ月のうち、たった1カ月でもよいからナンバーワンのお店になるという目標設定は、こうした条件を兼ね備えたものだったわけです。しかし、マックスファクター化粧品が国内トップブランドの資生堂の売上を一瞬でも上回るなど考えられなかった時代に、なぜ、このような目標設定ができたのでしょうか。

答えは単純で、先行事例があったからです。要するに、似たような目標を立てて、成功させている先例がすでにあったので、そのやり方を真似たのです。これを「Best Practice」と言います。日本語に相当する言葉として、簡単に言えば「最も優れた成功事例」のことです。ビジネスシーンでも、自社内や業界内の先進事例を研究して成功のプロセスを分析し、各部門に水平展開することで全体のレベルアップを図る手法が広範な分野で行われています。

当時、私が勤めていたP&Gには、「Best Practice」の考え方があり、早い段階から成功事例に学ぶ習慣が定着していました。「たった一瞬でもいいから売上トップをとりたい」と思った私は、似たような条件で成功した事例を自社や業界内のケースから探して参考にしたわけです。

大きな目標を達成するためには、可能な限りの情報を集めます。自分が達成したい目標をすでに達成している先行事例を探し、「Best Practice」を見出すことです。まずは社内で探し、社内になければ業界内で、業界内にもなければ異業種で探してみます。

2015年のラグビーワールドカップイングランド大会において、かつてこの大会で1勝しかしていない日本が、予選ラウンドで3勝を挙げ、日本中はおろか世界中を驚かせました。中でも、世界ランク3位の強豪、南アフリカに勝利した快挙は、日本ラグビー界の歴史に残る金字塔と言えます。これは間違いなく「Best Practice」です。

初めに「事実」を整理する

同じスポーツの世界ではもちろん、スポーツ以外の分野にも参考になる成功法則をこの「Best Practice」の中に見出すことができるはずです。では、具体的にどのように分析すればいいのでしょうか。

これを分析するときには、「FACT」「MATH」「LOGIC」で見ます。「FACT」は事実、「MATH」は数字、「LOGIC」は理論のことです。まず、事実を整理しましょう。

日本は過去8大会連続出場していましたが、その戦績は1勝21敗2分け、すべて一次予選敗退です。これに対して南アフリカは、大会通算25勝4敗、2度の優勝という輝かしい成績を誇ります。地力で言えば圧倒的に南アフリカが上回っています。それにもかかわらず、どうやって日本は勝ったのでしょうか。

日本代表を率いたエディ・ジョーンズヘッドコーチの著書などを読むと、ヘッドコーチに就任した4年前から綿密な準備を重ねていたことがわかります。そのポイントは4つあります。

ひとつめは、強いコミットメントです。過去8回の大会で1勝しかしていない日本でしたが、エディ・ジョーンズヘッドコーチは、予選4戦全勝を就任当初から公言していました。

ふたつめはフォワードの強化です。体格で劣る日本人は、スクラムになるとどうしても押されてしまいます。そこでウエイトトレーニングによる体重増加を図り、フォワードの平均体重を90キロ代から100キロ代へと10キロも増量したのです。

3つめが、ハードワークによるスタミナ強化です。エディヘッドコーチの秘策の中核は、後半20分での勝負です。海外の大柄な選手は後半20分に、ばててしまいます。そこで、40分通して動ける身体を作るために、代表練習では朝5時半の早朝トレーニングから始まって、1日に4度もトレーニングしたということです。

4つめが五郎丸歩選手の正確なキック。ブームにもなった「五郎丸ポーズ」は、ゴールキックの精度を高めるために編み出したメンタルテクニックでもあったのでした。

約束したことはやり抜く

ここから成功法則を導き出すと、どうなるでしょうか。

まず、強いコミットメントです。日本代表はこの大会で、初の決勝リーグ進出を目標にしていました。結果として3勝1敗でも予選通過はならなかったわけですが、予選リーグ内の状況によっては2勝で勝ち上がれるケースも考えられたはずです。過去24戦して1勝しかしていない日本には、2勝2分けぐらいが目標としては順当だったかもしれません。

しかし、エディヘッドコーチは、当初から4勝を公言していました。圧倒的に強い相手に対して、引き分け狙いなどという腰の引けた目標では絶対に結果を残せない。全部勝ちにいくという強い気持ちがなければ、1勝だってできないということです。

次にフォワードの強化です。ラグビーの試合で、フォワードはチーム戦力の中心。ここで引けをとってしまうと絶対に勝てません。このために体重の増量によって外人選手に対抗できるパワーを得ようしたわけです。ただし、南アフリカ戦時点で、出場していたフォワード8人の平均体重は、日本109キロに対して南アフリカ114キロです。まだ劣っていました。

ここで重要なことは、勝てないまでも負けないことでした。フォワードで勝てるようになれば日本は苦労しないわけですが、体格差は民族の特性ですから埋めようがありません。そこで、せめて負けないレベルまでもっていく必要があったわけです。

もっとも重要なのが、3つめのスタミナ強化です。主戦力のフォワードを強化し、強豪にも負けないレベルまで高めましたが、それだけでは勝てません。勝てるポイントを作ることが重要でした。そうして見出したのが、後半20分の勝機です。

最後の五郎丸歩選手の正確なキックは、ポイントゲッターの育成と解釈できます。五郎丸選手はもともと優れた選手でキックも正確でしたが、勝手に育ったわけではなく日本代表の貴重な得点源としてチーム全体で支援したからこそ、あそこまでの選手になったわけです。競技は違っても、圧倒的な相手に勝つための戦略として応用することができるはずです。

次に、ビジネスに応用して考えてみましょう。たとえば、業界トップの企業と中小企業である自社が、プレゼンでかち合った場合という想定に当てはめてみます。

まずはコミットメントです。絶対に競合に勝つ、それも圧倒的に勝つという強いコミットメントが必要です。互角に戦うというレベルのコミットメントでは到底勝てないということです。フォワードの強化は、つまり、主体となる価格やサービス、品質での勝負に相当します。おそらく業界トップに対して、主戦場で勝つのは不可能です。ここで勝てないからこそ、業界トップとベストテンにも入れない自社という差がついているわけです。そこで、勝てないまでも、せめて負けないだけの要件を揃えることが必須です。

しかし、それでもまだ不十分です。ラグビーの試合でも、後半バテると踏んでいた相手が意外に粘りを見せるとか、強豪がここまではしないだろうと思っていた泥臭い戦術をとってくるといった想定外のこともあるわけです。

そのときに重要になるのが、最後のポイントゲッターの存在です。エース人材の育成をしておくということ。企業対企業の勝負になれば、中小企業は大手に絶対かないません。

そこで、現場で重要になるのは担当者の力量です。個人対個人の勝負になれば、企業規模の差はそれほど大きな意味を持ちません。つまり、中小企業がやるべきは、会社の全精力を傾けて人材を育成しておくことだ、ということになるわけです。

書き込み式

先輩鈴木と後輩田中の

ワークショップ02

正しい決断を下すには、たくさんの情報が必要になります。客観性がある決め方ができるからです。

原則2 決断する事柄に関する情報を多く集めよ

あなたはある会社の企画部門リーダーの鈴木さんです。後輩の田中君から「製品の拡売企画を今週中に立案しないといけないのですが、いくら考えてもよいアイデアが浮かびません。過去の実施企画レポートは多くあるのですが、読むだけで疲れてしまいました。どうすればよいのでしょう？」と、相談を受けました。

Q1 このケースで問題になるのはどこでしょう？

Q2 田中君にどんなアドバイスをしますか？

答えは次のページへ

ワークショップ02

先輩鈴木の 模範解答

Q1 このケースで問題になるのはどこでしょう？

＼Answer／

情報収集の目的は、ベストプラクティス（成功例）を見つけることです。失敗例から学ぶこともできますが、成功例を分析したほうが効率的。過去の企画実施の結果から最も優れた結果を出した事例を３例ほど選定します。それをFACT（事実）、MATH（数字）、LOGIC（理論）の３点セットで分析します。そのポイントを参考に今回の企画を作成することです。

ここでの問題点は、田中君がこのポイントを理解せずに、やみくもに企画レポートを読んでいることです。

Q2 田中君にどんなアドバイスをしますか？

＼Answer／

田中君、企画実施レポートを読む目的は何かな？

よくわかりません。今までなんとなく読んでいました。

ビジネスは、すべて目的が重要なんだよ。何をするにも目的は何か？　を自問自答することだ。今回の目的は製品の拡売企画を作ることだけれど、そのために過去実施し

た企画分析は、重要だよね。その目的は「ベストプラクティス」を見つけ分析することなんだ。

どうやって
分析すればいいんですか？

企画実施で成功した事例FACT（事実）をMATH（数字）に落とし込み、なぜ、そのような成功ができたのかをLOGIC（論理）で成功ポイントを導くんだ。
その成功ポイントが今回も適用できるなら、企画成功の可能性がアップすると考えるんだよ。

3 方針にそって正しい決断を貫け

自分の意志を明快にする

なぜ迷うのか、なぜ決められないのかというと、ひとつのものごとを測るときに、軸がたくさんあるからです。たとえば、損か得か、好きか嫌いか、安全か挑戦か、やりたいかやりたくないかなど、事物にはいろいろな側面があります。そうした側面を一つひとつ見てしまうから、決められなくなるのです。

損か得かで言えば得だけど、好きか嫌いかで言えば嫌い、といったように軸が変われば見方が変わってしまいます。するとこの場合、損得をとるか、好悪をとるかという軸の選択になってしまいます。このように物事の判断を迫られたときに、軸の選択をしてしまうため、その時々によって判断がぶれて安定しないのです。

解決策は単純です。もっともベースとなる判断の軸をひとつに固定することです。これによって、素早く明快な決断が可能となります。

たとえば、私の知人で「付き合う人を自分にとって得になる人か、そうでないかで決める」という人がいます。出会った人と「何となく」で付き合ったりしません。自分にとって得になると思えばとことん付き合うし、そうでないと関係をすっぱり絶ちます。結果として、その人の周りには、損得勘定で惹かれあった人たちだけが集まることになります。

損得勘定だけで結ばれた関係をよしとするかどうかは、人によります。つまり、どのような判断の軸をベースにするかは個人の価値観や哲学によるものなので、善い悪いは基本的にありません。自分で決めればいいでしょう。

とは言え、企業の中で働く人たちの立場で考えた場合、みんながみんな、それぞればらばらの基準を持っていたら組織として統一性が損なわれます。ビジネスの場面ではそれにふさわしい判断基準というものがあります。

では、ビジネスの場面では、ベースとなる判断軸を何にすべきでしょうか。

私がいまから30年ほど前、P&Gに入社し、最初に教わったのが「Do The Right Thing」

という判断基準でした。

仕事をしていると、上司がいつでもそばについていてくれているわけではないし、いま自分が決めなければならない、という場面がよくあります。

特に、私は営業だったので、一歩外に出れば、自分が会社の代表としていろいろな人と接する必要があります。そのようなときにも判断を誤ったり、ためらったり、迷ったりしないための原則が、「Do The Right Thing」だと教えられました。

日本語で言えば、「正しいことをしなさい」ということになります。ビジネスなのだから、損得、つまり、「儲かるか儲からないか」がベースの判断基準になりそうですが、そうではなく、根本的には、正しいか、正しくないかで判断しましょう、というのです。

「優柔不断」な行動がウソを招く

ビジネスを進める上で、「Do The Right Thing」が、なぜ重要なのでしょうか。

ここで言えることは、嘘をつかない、だまさない、盗まない、法律を守る、約束を守る、ルールを守る、正直・誠実であるということは、ビジネスマンである前に、人としての原理原則です。これらがぶれてしまうと、儲けるためならたいがいのことをしてよい、ということになりかねません。

近年、企業のコンプライアンスの問題がよくマスコミで騒がれています。日本を代表する家電メーカーが決算の数字を偽ってしまったケース、あるいは、大手建設会社が手がけたマンションが傾いてしまった問題で、地盤調査の際に数字を操作していたことが発覚したケースなどがありました。

これらは単なる過失や職務怠慢ではなく、関係者はルール違反であることを承知していながら行っていたものです。だからと言って、悪意があるわけでもない、というのがこの問題の重要なポイントです。

ウソをつくのはよくないことだとわかっていても、馬鹿正直に本当のことを言ってしまえば、会社や自分の立場が危うくなるだけでなく、関係者、取引先などいろいろなところに迷惑がかかってしまう。後で辻褄《つじつま》を合わせればすむことであり、下手に青臭い正義感をふりかざして波風立てるより、結果として丸く収まるなら誰にとってもそのほうがいいはずだ——そんな心理になるのはよくわかります。

それに、このような打算的な決断をしたとしても、すぐさま問題になることはほとんどありません。表面上はいたって平穏に日々が流れています。地盤調査の会社も、ルール違反であることは知っていたけれど、ずっと何十年もやってきて、過去に何の問題も起きていなかったのです。

しかし、問題が表面化していないだけで、見えないところでずっとひずみがたまっていました。丸く収まっているように見えるのは、錯覚でしかなかったのです。家電メーカーのケースでも、決算数字が悪いことを素直に認め、正直に公表していれば、一時的には株価の低迷や事業の縮小などの混乱をともなったとしても、反面では、経営危機が社内の結束力を高め、経営改革・事業改革を促す推進力にもなったはずです。

数字をごまかしてしまったために、最初はちょっとした操作でも、不正の発覚を防ぐためにごまかし続けるしかなくなり、どんどんひずみがたまってしまいました。

同時に、表面的には順調な業績を達成しているため、本来、手をつけなければならないはずの経営改革が後回しになっていました。

結果として、ごまかしが表面化したときには、不正の根は広く深くはびこり、しかも事業基盤の弱体化もどうにもならないところまで達してしまっていたのです。最初の躓《つまず》きのとき、正しい判断ができていれば、今日のような結果を招くことはなかったでしょう。

人は基本的に正しい行いをしたいと、願っているはずです。しかし、現実には、正しくない行いが横行しています。そこには、正しい行いを阻害するふたつの間違った価値観があります。

この間違った価値観とは、「ばれなければいい」「みんなやっている」です。どうか、これらの価値観を、今日を限りに捨てていただきたい。確かに、ばれなければ問題が表面化することなく、困った事態になることもありません。

けれど、ばれないウソはないと思ったほうがいいからです。1年後になるか、50年後になるかはわかりませんが、いつかウソはばれます。

よしんば、自分の代では隠し通せたとしても、それはたまたまです。代替わりしていった先に必ずいつか発覚します。この場合、あなたは無事だったとしても、あなたの後を継いだ後進たちの大きな損失を招くことになります。

時間が経てばたつほど、ウソを重ねれば重ねるほど、発覚したときの衝撃も大きくなります。

あなたがほんの出来心で「ばれなければいい」と、始めてしまった小さなごまかしが、後の世代にとって積み上げてきたものすべてを滅ぼしかねない災禍《さいか》になるかもしれません。

そんなリスクをわかっていながら、ついウソをついてしまう理由が、もうひとつの価値観、「みんなもやっている」です。

前任者もやっていた、先輩もやっていた、同僚もやっている、同業者もやっている、それなら自分もやっていいだろう、という心理がルールを破る気まずさを鈍らせるのです。

みんながやっていても、自分だけは正しい判断をしなければならないわけですね。

なぜなら正しくない判断は、自分を苦しめ、自分の後に続く者に災禍をもたらし、自分の所属する組織を弱くします。目の前の問題はやり過ごせたとしても、必ず最後には最悪の結果に至るのです。

書類は常に正しくあれ

正しいことを選択するというときに、ひとつだけ気をつけてほしいのは、「よかれ」と思ってることと、「絶対的に正しい」ことの違いについて理解することです。

P&Gの新米営業として走り回っていたある日、オムツの拡販を図るため、卸店の営業員を対象に販売コンテストを企画したときのことです。

要するに、よくやる販促の手法で、よりたくさん売ってくれた営業に、商品や現金をプレゼントするというものです。このための原資として50万円が必要だったので、大阪支店長あてに稟議書《りんぎしょ》を上げ、ほどなく承認されました。

予算がとれたので、さっそく卸店の営業部長に会い「販売コンテストをやりましょう」と持ちかけると、部長から、

「小森さん、販売コンテストもいいけれど、その50万円でチラシ企画をやったほうがいいのではないか」

と、意外な返答がかえってきました。どういうことか、くわしく話を聞くと、最近、ある大手スーパーのバイヤーが、

「特売チラシを打ちたいのだけど、今期はもう予算を使い切ってしまったので断念した」

と言っているのを聞きつけたそうです。そこで、

「販売コンテストをやめて、チラシ企画にしたらどうだろう」

という考えがふと浮かび、それとなく伝えると相手も思いのほか乗り気だったそうです。私さえ「うん」と言えば部長から相手のバイヤーに話を通してくれるというのです。

それはよい話です。私に異論があろうはずもなく、ふたつ返事で了承し、急きょ販売コンテストからチラシ企画に変更しました。

相手のバイヤーの了解も取り付け、50万円の予算をチラシ制作代としてスーパー側に渡し、バイヤーがそのお金でチラシ企画を実施したところ、これが大成功。P&Gのオムツはたくさん売れ、卸店の営業部長、大手スーパーのバイヤーにも喜んでもらい、私は結果に大いに満足していました。

それから少したったころのことです。大阪支店長に呼び出され、

「小森君、卸店の販売コンテストの話があったけど、その後どうなったのですか」

と聞かれました。そこで、ここぞとばかりに私は、

「それが支店長、実は販売コンテストをやめて、チラシ企画に変更したらこれが当たりましてね。切り替えて大成功でしたよ」

と、得意になって報告しました。

ところがです。その瞬間、支店長は烈火のごとく怒りだしたのです。

一生懸命に頑張って数字を上げたのに、なぜ怒られなければならないのか、私には意味がわかりません。まだ若く、生意気だった私は、支店長に食ってかかりました。支店長は、

「書類にウソを書いてはいけない。販売コンテストからチラシ企画に変更したのはいいが、それなら書類を出し直しなさい」

と言います。しかし、私にしてみれば、お金の使い道を変えただけで、結果、売上げも立ったのだから正しい選択をしたのです。事務手続き上の問題など些細なことで、書類を作り直している間に機を逃してしまったら本末転倒ではないかという思いがありました。

さて、正しいのはどちらでしょうか。

もちろん、正しいのは支店長です。

販売コンテストからチラシ企画に変更して結果は出ました。それ自体はよい判断です。しかし、書類上は販売コンテストのままなので、ここで情報に差異が生じます。本社の企画部には、和歌山は販売コンテストでいくらの数字を上げたということだけが伝わっている状態です。

すると、「販売コンテストで結果が出たのなら、これを全国でやろう」という判断ミスを誘う結果になりかねないわけです。

現場があげる日報、稟議書、レポートなど、組織はこういう情報で回っています。そこに書かれている事実が実態と違うと、組織としての決定、戦略の判断に間違いが起こりやすくなります。書類を正しくするということは、組織にとって極めて重要なことなのです。

書き込み式

先輩鈴木と後輩田中の

ワークショップ03

曖昧な決め方をしてしまうのは、基準となる軸がないからです。誰からも認められるような判断軸を決めよう。

原則3　正しいことをせよ

　あなたはある会社の営業リーダーの鈴木さんです。後輩の田中君と得意先に同行したときのこと。田中君がプレゼン資料の製品データを実際より高い数値に変更していることに気づきました。あなたが「田中君、この製品データの消費者満足度98％は間違っている。正しい数値は82％だよ」と指摘しました。

　田中君は「リーダー、わかっています。でも、98％で高めに見せたほうが得意先の納得感はあるじゃないですか。どうせバレるはずはないのですから」と、言いました。

Q1　このケースの問題点は何ですか？

Q2　田中君にどんなアドバイスをしますか？

答えは次のページへ

ワークショップ03

先輩鈴木の 模範解答

Q1 このケースの問題点は何ですか？

＼ **Answer** ／

得意先に対して、間違ったデータを伝えることがあってはいけませんね。営業の仕事は、信頼関係をもとに正しいデータをプレゼンすることで、得意先を説得することです。

問題点は田中君が「ばれなければウソのデータを使ってもいい」という価値観を持ってしまっていることでしょう。大事なポイントは、「Do The Right Thing（正しいことをする）」という価値観を持つことです。

Q2 田中君にどんなアドバイスをしますか？

＼ **Answer** ／

田中君、
当社の企業方針は何かな？

正直・誠実と顧客満足度向上です。先日リーダーから「Do The Right Thing」（正しいことをする）という方針も聞きました。

そうだよね。では、得意先にウソのデータをプレゼンすることは、「Do The Right Thing」に合致した行動かな？

それはウソですから、正しいことではありません……。

では、
どうすればいいかな？

正しい
データで、
堂々とプレゼン
することに
します。

4 自分の軸を持つ

目標設定をしたら突き進む

圧倒的に結果を出し続け、どんどん成長していく人とそうでない人の違いについて考えてみます。圧倒的に結果を出す人は、自分で目標設定をしてどんどん突き進みます。

このような人の特徴は、決断が早くて明快。多くの人がたじろいでしまうようなむずかしい課題を与えられても平然と受け入れ、果敢にチャレンジします。

必ずしも成功することばかりではありませんが、その結果、少々の失敗ではへこたれず、転んでもすぐに起き上がってまた歩み始めます。失敗しても失敗しても挑戦を続けることで、どんどん力がついてきますので、どんなむずかしい課題でも、いつの日か達成してしまいます。

私の知り合いが、ある大学のボート部に所属しているのですが、その話をしましょう。

彼のチームの主将がまさに圧倒的に結果を出し続けるタイプの人でした。主将は大学でボートを始めた人で、もともと体育会系でもなく体も小さかったそうですが、誰よりも厳しい練習を課し、率先してきつい役回りを引き受けていました。誰からでも謙虚に学ぶことを知っていました。そうした姿勢が評価されて、主将に抜擢されたそうです。

そして彼は、次の大会での優勝を目指して、チームを引っ張っていきました。どんなに疲れているときでもチームを鼓舞し、一人ひとりの部員によりそい、それぞれが最高のパフォーマンスを出せるよう常に心を砕く。

もともと強豪ではなかったボート部が、彼が主将になってからめきめきと頭角を現し、そろそろ優勝しそうなところまできたのです。

では、いったい彼は普通の人と何が違うのでしょうか。いろいろな違いがありそうなに思えるかもしれませんが、実は、彼と普通の人の違いはたったひとつしかありません。

それは、自己を持っているかどうかです。彼には自分というものがあります。自分は何者なのか、自分は何がしたいのか、どんな人物になりたいのか、明確に持っています。

具体的に言えば、いまの彼は、ボート部の主将としてチームを優勝に導くという立場にいますが、実は、たまたまそうなったのではありませんでした。ボートを始めたときから、「自分が主将になってチームを優勝させる」という目標を持っていたのです。

だからこそ、誰よりも厳しい練習を自分に課し、きつい役回りを率先して引き受ける決断ができたのです。彼だって練習は辛いはずです。それでも彼は、主将になって強いチームを作るという自己を持っているので、普通の人がたじろいでしまうような課題を課されても甘んじて受け入れ、いつか、それを克服していくことができるのだと思います。

何をしたいのか

いまの世の中、自己を持っていない人があまりにも多いと思います。

勉強しろと言われるから勉強し、みんながやっているから何となく部活に入り、親が大学に行けというので進学したけれど、やりたいことも特になく何となく学生生活を過ごし、就職しないと自活できないからとりあえず就職活動をするけれど、これといって明確な志望もない。

そんな態度では、就職後の姿も容易に想像されます。上司からやれと言われたから、仕事をする。結果を出さないと給料がもらえない、首になってしまうから一生懸命にやるけれど、なかなか結果が出ない。毎日苦しいし、辛いけれど、働かなければ食べていけないので、我慢するしかない。なぜ、このような状況になるのでしょうか。それは、自分では何ひとつ決めていないからです。

高校、大学の進学も、絶対にこの学校へ行きたいと思って決めたわけではない人が多いはずです。自分は何をしたい、どういう人間になりたいというのがないと、どんな進路を選んでいいかわからない。それでも時期が来れば決めなくてはならないので、仕方なく進路を選ぶけれど、それは決断とは言いません。切羽詰まったあげく、消去法で選んだだけです。

では、自己がない人は、永遠に浮かばれないのでしょうか。安心してください。自己がなければ持てばいいだけです。

自分は何者か

自己を持つには、まず、自分は何者かを知ることです。そのためには、自分が毎日、何をインプットしているかを分析することです。人格、性格、個性、能力、資質、こういったものはすべて、日々、インプットしているものによって築かれていきます。生まれながらに持っているものは、人によってそうは変わらないものです。ほとんどの素養は、生育過程によって育まれ、毎日のインプットによって少しずつ成長しています。

ですから、過去1カ月を振り返って自分が何をインプットしているか、分析することです。どんな本を読んだか、誰に会ったか、何の話をしたか、何をしたのか、洗いざらい棚卸したら、自分は何者かがわかります。

たとえば、山登りが趣味の人がいたとしましょう。

この人は、与えられた仕事はきちんとやりますし、9時から17時までしっかり働きます。しかし、与えられた以上のことはしません。休憩時間は、「今度の休みはどの山に登ろうか」とばかり考え、ガイドブックに見入っています。仕事が終わると、職場の仲間との付き合いは一切せず、さっさと帰宅し、脚力アップのトレーニングに励みます。そうして、休みになると毎週のようにどこかの山へ登りに行くのです。

この人は仕事を除けば山ばかり、客観的に観たら山登りをするために仕事をしている人です。

そのための決断しかしません。これからもずっと山登りをするために仕事をする人であり続けます。

問題はここからです。

自分は生涯、山登りをするために仕事をする人でよい、というなら、そのまま何も変える必要はありません。しかし、ビジネスパーソンとして成功したいのであれば、インプットを変える必要があります。

毎日、山のガイドブックを見ていても、優秀なビジネスパーソンにはなれません。毎日、脚力を鍛えてもビジネススキルは育ちません。ガイドブックをビジネス書に持ち替え、トレーニングをほどほどにして勉強会の参加時間に当て、休日の山登りはセーブしてリーダーシップセミナーに参加するというように、行動を変えることが必要ですね。自分は何者かというのは、不変ではありません。変えることができるからです。

ここで、最初のボート部主将の話に戻りましょう。彼がすごいのは、自己を持っているだけでなく、部員の気持ちを変えることができることです。

主将は、チームの優勝を目指して、そのための努力を日々重ねています。しかし、部員はそうではありません。楽しく部活ができればいいと思っている部員もいますし、はなから「優勝など無理」とあきらめている部員もいます。そんな部員たちを叱咤激励したところで、「優勝したい」という思いがないので、なかなか動かないのです。

そのことを知っている主将は、練習を強制するのではなく、「自分たちは優勝できる」「優勝したらこんないいことがある」ということを毎日、言い続けて部員たちに自己を変えるよう誘導しています。

毎日言われていると、部員もだんだんその気になってきて、「優勝など無理」から「優勝できるかも」に変わり、すると行動が変わります。つまり、主将のアウトプットが部員のインプットになるのです。

人間には、アウトプットが変わると、インプットがさらに強化されるという性質があります。優勝なんて無理とあきらめ、毎日楽しく部活できればいいと考えていた部員が、行動を変えて練習に励むようになると、少しずつ結果がついてきます。ちょっとタイムが早くなったり、いままでできなかったテクニックが身につくと、「やればできるんだ」という気持ちに変わります。もっとやってみようという意欲が湧くからです。

自己が強化され、アウトプットの質がよくなると、「優勝できるかも」から「優勝したい」となる。これによってインプットが強化され、アウトプットの質がさらによくなるという繰り返しでどんどん成長し、いつしか、目標をかなえられるまでになるのです。

とことん自分と向き合え

人生を変えるためには、毎日の行動を変えることです。そのことは、多くの人がすでに知っていると思います。でもわかっていてもなかなか変えられない。その原因が自己にあります。結果を出し続ける優秀なビジネスパーソンになりたいと思いながらも、実際にはインプットがそうなっていません。

気晴らしのつもりで始めた携帯ゲームにはまり、通勤電車で、休み時間に気がつくと、ついついスマホを握っている。体力づくりのためにジム通いを始めたはずが、いつの間にかジムに入り浸るようになり、気づいたらジムにいる時間のほうが長くなっていた。

そんなことはないでしょうか。

だからと言って、ここでゲームばかりやっていたらだめだ、ジムに入り浸っているようではいけないと決意を新たにしたところで無意味です。確たる自己がないので、唯一の自己であるゲームをやる人、ジムで体を鍛える人に戻ってしまいます。

まずは自己を変えましょう。本当に自分は何をやりたいのか、自分は何者になりたいのか、そこをしっかり確立することによってインプットが変わり、アウトプットの質がよくなると自己が強化されます。さらにインプットが変わっていくわけです。

これが、圧倒的な結果を出し続ける人になるための自己プロデュース法です。

書き込み式

先輩鈴木と後輩田中の

ワークショップ04

自分の軸を持ち、自分は何者かを知ること。

原則4　長期的視点を持て

あなたは営業リーダーの鈴木さんです。後輩営業の田中君から「営業成績がまったく上がらず、悩んでいます。僕は人付き合いが下手なので、営業に向いてないと思うんです。話も下手ですしね」と、相談を受けました。

Q1　なぜ、悩みが生まれたのでしょう？

Q2　田中君にどんなことを言いますか？

答えは次のページへ

ワークショップ04

先輩鈴木の 模範解答

Q1 なぜ、悩みが生まれたのでしょう？

＼Answer／

後輩の田中君が、自分が「営業に向いてない」と、自信をなくしているのを解決していくことが先決。「自分は優秀な営業になる」という軸を持ち、そのためには何を行動変革しないといけないのかを考えられるように、アドバイスしていくことは必須です。そのためには、「自分は何者か？」を知ることでしょう。それを分析することで、「自分のこと」がわかってきます。

優秀な営業とは、どのような人なのか？　というベストプラクティスを見つけること。その人のことを参考に、自分のインプット、アウトプットを考えてみましょう。

Q2 田中君にどんなことを言いますか？

＼Answer／

田中君が尊敬する
営業は誰かな？

営業部長の山本さんは、
すばらしいと思います。

どこがすばらしいと思うの？

営業成績は常にトップクラスですし、挨拶
も明るい。言動にパワーがありますしね。

先日、部長の商談に同席させてもらいましたが、聞き上手なので得意先のニーズも的確にとらえられていました。

つまり、営業の山本部長は、挨拶が明るく、言動もパワーあふれているわけだよね？　加えて得意先の話をしっかりと聞き、ニーズをきちんと把握している、ということだな。だったら、田中君もそうなればいいんじゃないか。

えっ。
僕でもできるんでしょうか？

優秀な営業になるには自分の軸をしっかり持つことが重要だよ。山本部長は持たれている。もしかしたら、田中君は、『自分はダメな営業だ』という軸を持っているのではないかな？

……。
今日から
山本部長を目標に
して頑張って
みます。

5 「目標設定からゴール」へ道筋を作る

「OGSM」にそって考えよう

大きな結果を得るためには、ゴールに至るまでの道筋をしっかり設定することが重要です。人類を月に送ろうというアメリカのアポロ計画は、時のアメリカ大統領ジョン・F・ケネディのビジョン「1960年代のうちに人類を月に送る」から始まりました。ケネディ大統領が演説で計画を発表したのは1961年ということは、残り9年です。その間に、重要な課題を克服する必要がありました。NASAの技術者たちは綿密な計画と準備を重ねました。

まず、最初の1年で推進機関の構想を固めました。これがなければ月へはいけません。推進機関の開発に4年が費やされ、1966年に無人の実験機アポロ1号が完成。ここからは、人類を宇宙に送るための実験にはいります。

3度の実験発射を経て、翌1967年に有人による地球周回飛行を実施。さらに3度の地球周回飛行を経て、1968年、アポロ8号が有人による月周回飛行に成功しました。さらに2度の実験飛行を経て、アポロ11号が月面に降り立ったのが、1969年7月20日。期間を決めて重要な課題を一つひとつクリアし、偉業を成し遂げたわけです。

ビジネスでも同様、結果を得るためには、その道筋をしっかり設定することが重要です。その道筋のことをOGSMと言います。「Objective＝言葉の目標」「Goal＝ゴール（数字の目標）」「Strategy＝戦略」「Measurement＝測定方法」の頭文字からとったものです。

具体的に、OGSMによってどのように目標設定からゴールまで道筋を作っていくのか、見ていきましょう。簡単に言うと、「Objective」「Goal」を設定し、目標を達成するための「Strategy」を描き、「Measurement」しながら計画の進捗を補足し、必要な修正を加えていくことになります。これを組織全体、部署ごと、役職ごと、人ごとにブレイクダウンしていくのが、OGSMの基本的なやり方です。

たとえば、化粧品のメーカーが「日本中の女性を美と健康で笑顔にする」というビジョンを掲げたとしましょう。「そのために日本中の女性を10歳若返らせる」という「Objective（目標）」

を設定しました。

これを現実のものにするには、もっと自社の商品を売らなければなりません。そこで3年以内に売上を100億円にしようという構想を社長が掲げました。つまり、この「3年後に100億円」が「Goal」になります。

そのための戦略として会社は、三つの「Strategy」を考えました。戦略1は「新規の取引先100件開拓」、戦略2は「画期的な新製品を10品投入」、戦略3は「新事業のエステサロンを30店開店」です。

この3つを誰が、いつまでにやるのか、役割分担して期日を決め、一定期間に測定ポイントを設けて「Measurement」します。たとえば、取引先開拓については、毎年度の終わりまでにプラス30件、新商品は同3品、エステサロンは同10店といったように、「Strategy」の進捗を補足。必要な計画修正を加えていきます。これが、会社のOGSMです。

会社はこの目標を達成するため、各部署にこれらの「Strategy」を割り振ります。営業部には「新規開拓を100件やりなさい」、商品部には「画期的な新商品を10品開発しなさい」、新規事業部には「エステサロンを30店にしなさい」と指示するわけです。各部署では、会社からの指示を履行するために、ＯＧＳＭを設定します。

営業部を例にあげれば、会社から「新規開拓を１００件やりなさい」という指示が与えられました。その場合、次のようにＯＧＳＭを設定します。

まず、会社から与えられた「Strategy」、すなわち「１００件の新規開拓」は、営業部の「Goal」になります。ここがポイントで、ＯＧＳＭをブレイクダウンしていくときに、上部組織・上司の「Strategy」が、下部組織・部下の「Goal」になる、ということを覚えておいてください。

営業部長が会社から指示された、「１００件の新規開拓」という「Goal」を達成するため、営業部長は３つの「Strategy」を立てます。１００件のうち50件はドラッグストア、30件は通販、20件は海外営業で達成しようという方針を決め、次に、ドラッグストアは２カ月ごとに10件の新規開拓、通販は４カ月で10件、海外営業は６カ月10件獲得するという「Measurement」を設定します。

この営業部長のＯＧＳＭが、部下の３人にブレイクダウンされます。たとえば、ドラッグストアの開拓は鈴木君、通販は佐藤君、海外営業は高橋君に割り振ったとします。この際、さきほどと同様、上司の「Strategy」が部下にとっての「Goal」になります。ドラッグストアの新規顧客を50件開拓するという「Goal」を与えられた鈴木君は、3つの「Strategy」を立案することになります。

自分の責任で決める、ということ

ここでわかることは、上部組織・上司がOGSMを設定すると、下部組織・部下のOG（目標とゴール）も自動的に決まるということです。また、部下のOGは上司が決めるものであり、逆に戦略と測定は、上司が強制することではなく、その役割にある人が自分で考えて自分で決めるということです。

私はP&GでOGSMを教わりましたが、外資系の多くがこのようなシステマチックな業務フローを採用しています。日本の会社の場合は、ここがあいまいな場合が多いようです。

部署に対して「今年10億円やれ」という指示がきたとしても、部の中で役割分担を決めない。とにかくみんなで頑張って、結果1年でどうなったかで仕事を進めていないでしょうか。それでは結果は、おぼつかなくなるのです。

書き込み式

先輩鈴木と後輩田中の

ワークショップ05

大きな結果を手に入れたいなら、単に仕事を進めるだけでなく、ゴールまでの道筋を明らかにすることが大切。

原則5 OGSMで目標と戦略を明確にしよう。

あなたはある会社の営業リーダーの鈴木さんです。後輩営業の田中君に担当地域の今月の売上目標1000万円の戦略を考えるように指示したところ「得意先バイヤーと飲みに行って仲良くなって商品を買ってもらいます」という答えが返ってきました。

Q1 田中君の答えのよくないところはどこですか？

Q2 田中君にどう話しますか？

答えは次のページへ

ワークショップ05

先輩鈴木の 模範解答

Q1 田中君の答えのよくないところはどこですか？

Answer

目標達成には、戦略が必要。田中君はここを理解できていないようですね。

目標と戦略をチームで共有するには、OGSMの手法が有効です。OGSMとは、「Objective（目標を言葉で伝える）」「Goal（目標を数字で伝える）」「Strategy（戦略：目標達成の戦略3つを言葉と数字で伝える）」「Measurement（途中経過の測定：戦略の途中経過を確認するシート、タイミングを決定する）」の頭文字をとったものです。

Q2 田中君にどう話しますか？

Answer

田中君、バイヤーと飲みにいくだけで1000万円の売上は達成できるのかな？

それはわかりませんが、
親睦にはなるかと。

田中君、私が指示した戦略立案をOGSMの手法で作成してくれるかな。
たとえば、私が先月、担当エリアで立案した戦略は、1000万円の売上目標に対して①新製品戦略：新製品で300万円の売上、②キャンペーン戦略：既存製品のキャンペー

ンで500万円の売上、③WEB戦略：WEBでの拡売で200万円、合計1000万円というものだった。そして「Measurement（途中経過の測定）」は、このシートで毎週月曜日に進行状況を把握し、毎週火曜日にはパートナー卸の部長と進捗状況を確認してサポートしてもらう。もし、進捗状況が思わしくない場合は最終週に追加のキャンペーンを実施するというものだ。

わかりました。
目標と戦略の立案は
OGSMの手法ですると、
達成の可能性がアップ
するのですね。

6 やり遂げる決意を固めよ

その本気度は本物なのか

これまで決断力の話をしてきましたが、実のところ目的を成し遂げるかどうかのカギを握っているのは、コミットメントだと言ってしまってもいいでしょう。

直訳すると、「約束する」「関与する」といった意味ですが、とくにビジネスの場面で使う場合、「決意」とか「意思」といった意味に近いというのが私の感覚です。

要するに与えられたミッションに対し、どれだけ本気で取り組み、成し遂げる意思・決意を固めているか、簡単に言うと「やる気があるか」ということです。

では、どうすれば、コミットメントを引き出せるのでしょうか。

コミットメントのレベルには、5段階あります。

コミットメントの評価は5段階

・コミットメントレベル①

もっとも低いコミットメントレベル。まったくやる気がない状態で、上司から指示された目標に対して、「どうせ無理」とあきらめて何もしないか、行動しているふりだけします。

このままでは、当然、結果を得ることは不可能です。放っておいたら、会社を辞めてしまうぐらいの低いモチベーションのコミットメントレベルです。

・コミットメントレベル②

成果は出したいと思っています。しかし、そのために困難に立ち向かうこともなく、努力もしません。上司から指示される目標に対して、一応はやっているふりだけはするけれど、すきを見てはさぼっています。

このコミットメントレベルも、辞めないまでも頑張って仕事に向き合わないので、よほどラッキーが頻発しない限り、結果を得ることは不可能です。

・コミットメントレベル③

私の経験上、もっとも多いのがこのレベルのコミットメントの人です。コミットメントレベル③の人は、上司の指示をきちんと聞き、会社の方針にしたがって、与えられた役割をまっとうしようとします。しっかり仕事をするということです。

しかし、決意のレベルとしては、さほど高くありません。上司がやれというから、言われたことはやるが、結果、目標が達成できるかどうか自分は知らない、というスタンスです。

・コミットメントレベル④

このコミットメントレベルの人は、上司の指示を聞き、自分に与えられた役割をまっとうしようとするだけでなく、結果を得るために最大限の努力をします。

決意のレベルとしては、かなり高いと言えます。状況が悪くてもひるまずチャレンジし、どうにかして目標を達成するために知恵を絞り、一生懸命に取り組みます。したがって、たびたび大きな結果を出します。

ただし、結果を出すために最大限の努力をするということは、最善を尽くしても達成できないときは達成できない、という含みを残していることになります。

・コミットメントレベル⑤

最高のコミットメントレベル。何がなんでも目標を達成するという極めて高いモチベーションを持っています。合理的に考えれば、目標はあくまで目標であって、状況が悪ければ達成できないこともあります。それでも、絶対に目標を達成する、未達などありえない、という強い決意を持っています。

コミットレベル④も、目標に対するコミットは強いのですが、どこかで「できない言い訳」を考え、逃げ道を作ります。これに対して、最高のコミットメントレベルは、逃げ道を作りません。何としてでも、目標を達成する道筋を探し出そうとします。

編成メンバーはどのレベルなのか

チーム編成したときに、集まったメンバーがそれぞれどのコミットレベルにいるかによって、目標を達成できるかどうか、ほぼ決まっていると言っていいでしょう。

たとえば、チームリーダーを除くメンバーが10人だったとして、③の人がもっとも多くて6

人、④の人が2人、②が1人、⑤が1人といった編成になるのが一般的です。

最初からコミットメントレベル⑤という最高の状態の人はまずいませんが、④が2人いるのでなんとか目標達成できます。ところが、途中で何かアクシデントがあって③や④にいた人のモチベーションが下がり、②や③に落ちてしまうと、もう目標達成は無理です。

チームリーダーとしては、メンバーがどのコミットレベルにいるかを評価し、そのレベルが低下しないようにアドバイスしたり、励ましたりしながらコントロールしていきます。

コミットメントレベルが低下する要因は、さまざまです。私生活の悩み、処遇への不満などもあります。中でも、もっとも大きな低下要因になるのは、チーム内でのコミットメントレベルの温度差です。

チームリーダーとしては、コミットメントレベル②にいる人を③に、③にいる人を④に引き上げる、ということが極めて重要。メンバーのコミットメントレベルを引き上げる簡単な方法は、チームリーダー自身が最高のコミットメントレベル⑤になることです。

リーダーのコミットメントレベルが③の人に、

「どうせだめだろうけど、仕事だから頑張ろう」

と言ったとしたら、チームメンバーのコミットメントも上がるはずがありませんね。

リーダー自身がコミットメントレベル⑤の高いモチベーションを持ち、「絶対にやる」と決めることが必要なのです。

というのも、本人のコミットメントレベルは、よくも悪くもまわりの人のコミットメントレベルに引きずられるからです。中でも影響が大きいのは、上長です。

つまり、部長もコミットメントレベル⑤になってもらわないといけないし、もっと言うと、社長から一般社員まで、すべての人がコミットメントレベル⑤になるのが理想です。

しかし、現実にはそうではないことが非常に多いのも事実。よくあるのが、会社が決めた目標をブレイクダウンしていくときに、上長が部下に対して、「とにかくやれ」と命令するだけの指示を順繰りに伝達していくことです。

支店長が課長に「今月の予算は1000万円」だということを伝えたときに、どうやったら課長がそれを達成できるか、支店長と課長で話し合って決めるツーウェイのコミュニケーションが本来のあり方なのです。

支店長から課長に対しては、自分の経験からやり方をアドバイスしたり、他社の成功事例を研究して課長に伝授したり、自分の持っているネットワークから課長の営業サポートをするといった提案があるべきでしょう。

課長から支店長に対して、現場の情報から考えた販促施策を進言し、そのための予算を用意してほしいとか、専門の人員を配置してほしい、ツールを用意してほしい、といった要望をしてもいいでしょう。

戦術を伝授し、ツールを与えることで、初めて課長も、「支店長がそこまでしてくれるなら、死ぬ気でやります」というように、コミットメントレベルが上がるわけです。課長と部下の間でも同様のコミュニケーションが重要です。

現場が高いモチベーションで、「絶対にやる」とコミットしているのに、上長や会社がコミットしてなかったら、現場はやりようがありません。だから、部下は課長に、課長は支店長に、支店長は役員に、「競合と戦える新商品を出してくれ」「販促予算をつけてくれ」と突き上げることも、ときには必要なのですね。

書き込み式

先輩鈴木と後輩田中の

ワークショップ06

決めたことを成し遂げたいなら、単に仕事を進めるだけでなく、ゴールまでの道筋を明らかにすることが必要。

原則6 コミットメントを獲得する

あなたはある会社の営業リーダーの鈴木さんです。後輩の田中君が「売上目標が厳しいんですよね。今月も売上未達成で課長に叱られるのだろうなぁ」と、呟きました。

Q1 田中君のコメントの問題点はどこでしょう？

Q2 田中君にどう正しい答え方を伝えますか？

答えは次のページへ

ワークショップ06

先輩鈴木の 模範解答

Q1 田中君のコメントの問題点はどこでしょう？

＼ **Answer** ／

目標達成にはコミットメント（決意）が重要です。「何が何でもやってみせる」という最高ランクのコミットメントで仕事をしてこそ、目標達成ができるのです。

問題点は、田中君が行動する前からあきらめていることです。

Q2 田中君にどう正しい答え方を伝えますか？

＼ **Answer** ／

田中君、売上目標が厳しいと言うけれど、何がどう厳しいのかな？　「具測達一」の原則で説明してくれるかな？

はい、売上目標1000万円のうち、800万円までは読めているのですが、あとの200万円が読めないのです。

もともとその200万円はどこの得意先に何を提案する予定だったのかな？

はい、○○商事に新製品を200万円提案したのですが、仕入部長が今月は買えないと言うんです。

仕入部長が買ってくれない
理由は何かな？

明確にはわからないのですが、A社が先に企画提案をしているので、そちらを採用する予定ではないかと思います。

では、田中君は再度、仕入部長と商談してなぜ、当社の新製品が採用してもらえないのか理由を聞き出すことと、新規開拓で月末までに200万円を売り込むスケジュールを立ててみたらどうかな？

営業は目標売上を何がなんでもやってみせる、というコミットメントが大事だからね。

7 目的思考を常に持つ

なぜ、どうして、目的は何か？

果たすべき目標に向かって進んでいくとき、目の前に立ちはだかる問題に一つひとつジャッジを下していかなければなりません。その際、「Do The Right Thing」、つまり、正しいことをしなさいという話をしてきました。これは、ブレない判断の軸を示したものであり、正しい行いをしていれば、結果は後からついてくる、などと言うつもりはありません。

常に正しい判断をしていれば、少なくとも大きな失敗をすることはないとしても、それで必ず目標にたどり着くとは限らないからです。

では、結果を得るために重要なことは何でしょうか。

「Objective Mind」です。日本語にすると「目的志向」ということになります。日本のビジネスパーソンには、どうもこれが足りない傾向があると私は常々感じています。

現場を訪れると、上司から指示された業務、昨日と同じ業務、前任から引き継がれた業務、慣例にしたがった業務、みんなやっている業務を、さして疑うこともなく、もくもくとこなす姿をよく目にします。そんな人に、

「その業務は何の目的のためにやっているのですか？」

と尋ねると、きょとんとして、

「こういうものだと思ってやっていたので、目的を考えたことはなかったです」

という返答がかえってくることもよくあります。これもまた、日本人の国民性なのかもしれませんね。

先祖代々やってきたことを、粛々と継承していくなかで、いちいち「この目的はなんだ？」といった疑問を持ってしまうと、物事が前に進まないからです。「これはこういうもので理由などない」という世界はあります。しかし、ビジネスの場面では、「Objective Mind」を持たないまま仕事をしていると、極めて効率が悪いのです。ここで私の話をしましょう。

P&Gでリクルーターをやっていたころのことです。

採用予定の新卒の最終面接が行われることになり、営業本部長だった当時の常務のもとを訪ね、面接を予定していた田中君という学生のプロフィールなどの概要を一通り説明し、

「それではお願いします」

と、促しました。すると常務は、さっさと面接会場に向かおうとする私を

「ちょっと待て」

と、止めた上で、こう切り出したのです。

「田中君のプロフィールはわかった。で、今日、私が田中君と面接する目的は何だ」

私には常務の言うことの意味がわかりません。そこでとりあえず、

「目的は田中君に内定を出すかどうか、決定していただくことではないでしょうか」

と答えました。すると常務は、とたんに不機嫌になり、

「そんなことはわかっていますよ。そうではなく、支店長が面接して、田中君にはリーダーシップもコミュニケーション力もあるとみているけど、その見立てに相違ないか、私に判断してほしいのか。それとも田中君が他社に行くか、P&Gにするか迷っているので、私に説得してほしいのか、そういった面接の目的を聞いているのです」

と言うのです。私にはそういう考えはなく、ただ単に、常務と田中君を会わせようとしていただけです。なるほど、何の目的もなく面接したところで、常務は何をよりどころに内定を決めればいいのかわからないわけです。

通常、こういう場合、人事担当役員は慣例として面接するけれど、あとは「担当者にうまくやっておけ」、というだけで自分ではジャッジしないと、私は思っていたのです。しかし、P&Gは「Objective Mind」が徹底しているので、目的を徹底的に問われます。

常務にこう言われ、私はハッとしました。常務に会ってもらう目的が確かにあったのです。

「それならあります。田中君は非常に優秀な人材なので、ぜひ入社してほしいと思っています。しかし、他社が第一志望なので、常務からP&Gの魅力を語っていただいて、ぜひ当社を第一志望にしてもらいたいと思っています」

常務は、

「わかりました」

と返事をしたので、これで納得してくれたと思ったら、さらに続けて、

「では、田中君を説得するために私は何の話をしたらいいのですか」

と、重ねて問われました。

「何の話と言われましても……」

私は、またまた答えられない。すると常務は、

「あなたは田中君と、もう何回も話をしているのだから、何に興味を持っているのか、どのような志望を持っているのかを知っていますよね。

たとえば、海外勤務に興味があるのか、会社のブランドにこだわっているのか、報酬に重きを置いているのか、どういう優先順位で就職を考えているのかによって、語ることも異なります。それを聞いているのです」

と質問されました。これが目的思考です。この場合、目指している結果は、田中君という優秀な人材の獲得です。ですから一つひとつの判断が、田中君の採用に至るためのステップになっていなければなりません。せっかく常務に内定を出してもらっても、田中君が他社を選択したら何にもなりません。

たとえば、1回目の面接で、田中君をP＆Gとしてぜひ採用したいという目標を設定したら、2回目の面接ではP＆Gがいかに魅力的な職場か伝えることを目的とする。3回目の面接では

不安を払拭してもらうために、実際の職場の雰囲気を体験してもらい、最終面接では、第一志望にしてもらえるよう説得するという段取りで運ぶことにより、採用という結果を得る確率は格段に高くなるわけです。

打ち手は丁寧に明らかにせよ

採用を例に「Objective Mind」を説明しましたが、これは、どのようなビジネスの場面にとっても重要なスキルと言えます。P&Gに入社した当初、新米営業の私は「Objective Mind」など持ち合わせていませんでした。得意先を訪問するときにも上司から、

「小森君、今日の営業の目的は何?」

と尋ねられて、何も言えず言葉に詰まっていました。目的など持ってなかったからです。上司から「得意先を訪問しろ」と言われたので、その通りに訪問しようとしただけです。

上司も不安になったのでしょう。私が答えられないでいると、続けて聞いてきました。

「目的ぐらいあるだろう。それもなく訪問するのかい?」

「えーと、パンパースの新製品を紹介しようと思っています」

私は苦し紛れに、そう返すのが精いっぱい。すると上司は、さらに畳みかけます。

「何ケース提案するの？」

「何ケースですか？　決めていません」

「では、いま決めなさい」

「えーと、では100ケースでいいですか？」

「いいも悪いも100ケースの根拠は何ですか？」

「根拠ですか？」

また答えられません。勢いで言っているだけで、根拠などないからです。その様子を見かねた上司が、私を誘導してくれました。

「その得意先は、1カ月に何ケースぐらい紙おむつを売るの？」

「全部で500ケースぐらいだと思います」

「トップブランドはどこ？」

「花王のメリーズでしょうね」

「では、メリーズは月間で何ケース売れていますか」

「200ケースぐらいだと思います」

「では小森君、聞くけど、メリーズだけで200ケース売れるなら、パンパースも200ケースぐらい売れていいはずだよね」

「なるほど、そうですね。では、頑張って200ケース提案します」

上司に誘導されて、私はやっと本来の目的にたどり着くことができました。もし、最初の段階で、何の目的も持たずに取引先を訪問していたら、注文がもらえないか、もらえたとしてもお付き合いで30ケースぐらいが関の山だったでしょう。

次に、私が何となく決めた100ケースという目標で臨んだ場合、そもそも「100」という数字に根拠はないから、説得力もありません。

「100ケース買ってください」

と提案したときに、相手から
「なぜ、100ケース？」

と聞かれても返す言葉がないのです。

その点、200ケースには根拠があります。「品質では他社以上のバリュー（価値）があります。CMもやっています。だからこの企画をやりましょう」と、交渉できるわけです。

これが、「Objective Mind」です。P&Gでは、徹底して「Objective Mind」が貫かれており、これがビジネスをドライブする大きな原動力になっていました。実は、先ほどの「パンパースを200ケース提案する」という場面でも、さらに続きがあります。

「では、小森君、聞くけど、バイヤーに『200ケース買ってください』と提案したとして、『では200ケース仕入れましょう』ということになるかな」

「ならないでしょう、『200ケースは多い』と、言われるでしょうね」

「それはわかっているんだよね。だったら、バイヤーから『200ケースは多いよ』と言われたときに、どうやって切り返すのかな」

という感じで、「なぜ、どうして、目的は何？」を、とことん突き詰めます。チャレンジングな目標を持ったときに、根性だけで挑んでもどうにかなるものではありません。取引先に訪問して交渉が成立するまでのプロセスの中で、一つひとつの打ち手が、200ケースという目標に近づくためのステップになっていなければならないのです。

交渉相手の調査から始まって、相手を説得するためのデータは何があるか。あるいは、交渉材料としての販売支援策などをきちんと用意した上で交渉に臨めば、200ケースには届かなかったとしても、150ケースぐらいにはなります。

少なくとも、何の目的意識も持たず、場当たり的に挑んだ場合と比べて、確実に売上アップにつながります。

言ってみれば、「Objective Mind」は、結果を得るための最適解を常に探し続けるためのスキルだとも言えます。

昨日と同じ作業、みんなと同じ作業をただもくもくと続けていたら、それ以上の発展はありません。もっとうまい方法はないか、もっと合理的な方法はないかと問いかけていくことで、結果までの到達時間はどんどん早くなり、確実になっていくのです。

しかし、いままで、会社からも上司からも「目的は何だ」などと聞かれたことがないという人も多いでしょう。

その場合、待っていても埒《らち》があかないので、自問自答するしかありません。

毎日の作業を、昨日と同じようにただ漠然とやるのではなく、「この作業の目的は何だ」と、自分で自分に問いかけます。この目的のための作業として、果たして本当にこれでいいのかと突き詰めて考え、実行していくことで最適解に近づいていきます。

このような「Objective Mind」のカルチャーが、あなたが所属している組織に定着していない場合、自分で癖づけするしかないとは言え、ある意味、それはそれで大きなチャンスです。あなた自身が「Objective Mind」を意識して身につけることができれば、あなたの所属している組織でこのマインドを持っているのは、あなただけになるからです。

「Objective Mind」を持っている人は、結果を出すために最適解を知っているのです。

書き込み式

先輩鈴木と後輩田中の

ワークショップ07

マイナスな出来事を判断基準にして、無理と決めつけるのはやめよう。

原則6 Objective Mind（目的思考を常にもとう）

あなたはある会社の営業リーダーの鈴木さんです。後輩営業の田中君に担当地域の今年の売上目標を設定するように指示したところ、前年対比90％の前年割れの目標を提出しました。

リーダーのあなたが、この目標の根拠を質問したところ、その答えは、「私の担当エリアは少子高齢化で人口が減っています。それに加え、競合メーカーが新製品を出してきているので、前年以上の売上は無理です」というものでした。

Q1 田中君に求められることとは？

Q2 田中君にどんなアドバイスをしますか？

答えは次のページへ

ワークショップ07

先輩鈴木の 模範解答

Q1 田中君に求められることとは？

＼ **Answer** ／

会社が給与を出して営業を雇う目的は、会社目標と一貫性のある売上目標を達成することです。第一に顧客満足度のアップが重要ですが、そのバロメーターが売上金額です。「Think Big（大きく考えよう）」の精神のもとに「前年実績の2倍の売上を達成するにはどうすればよいか？」という大きく考えることが重要です。

問題点は田中君が一見、もっともな言い訳をしていますが、自分が会社から何を期待されているかを理解していないことです。

Q2 田中君にどんなアドバイスをしますか？

＼ **Answer** ／

田中君、今年の会社の
売上目標は何かな？

はい、
前年比120％の目標です。

そうだよね。
そのための営業戦略は？

新規開拓に力を入れることと、新製品を成功させることです。

ちなみに田中君の担当エリアの当社のシェアと競合のシェアはいくらかな？

当社が10％で競合A社が50％、B社が30％、その他が10％です。

では、伸びる余地はまだまだあるよね。新規開拓と新製品が成功したらどれくらい伸びるかな？

そうですね。前年比150％くらいは、いくと思います。

「Think Big」の考え方で売上目標は大きく考えよう。高い売上にチャレンジすることと、目的思考を常に持つことが重要なんだ。

わかりました。
150％アップに
チャレンジします。
なんだかワクワク
してきました。

8 「すべてはお客様のため」にある

「Consumer is Boss」という考え方

崇高なビジョンを掲げ、困難な障壁にもめげず、必ずやると決意を固め、結果を出すまでやり抜くのが決断力です。

言葉にするのは簡単ですが、実際にやるのは大変です。

これまで話した目標設定法や思考法を試みることで、決断を後押しすることはできるけれど、最後までやり抜けるかどうかは、結局、モチベーションの問題です。

何を指針にすれば、頑張り通せるのか、ということです。

これは、私がP&Gに入社する2、3年前のことなので、聞いた話ですが、当時のP&Gは、日本市場で苦戦を強いられており、撤退さえ議論されていました。それでも、日本の市場は魅力的であきらめがたいということでした。そこで本国アメリカが送り込んできた切り札が、オランダ人のダーク・ヤーガー氏でした。

P&Gはグローバル企業で、いろいろな出身国の人が働いていますが、世界のグループトップは、やはりほとんどが本国のアメリカ出身者で占められています。そんな中でヤーガー氏は、アメリカ以外の出身者としてめずらしく、グループトップまで上り詰めた立志伝中の人物です。それだけ優秀な人物であり、アメリカは満を持してエースを日本によこしたわけです。

日本法人の社長に就任したヤーガー氏が着任してまず何をしたかというと、各事業本部のトップを集めて、

「なぜ、日本での売上がうまくいっていないのか、意見を聞かせてほしい」

ということでした。最初に指名された営業本部長は、

「マーケティング部の問題です。テレビコマーシャルがよくないし、プロモーション施策もできていません」

と言いました。名指しで批判されたマーケティング本部長も黙っていません。

「何を言っている。営業の売る努力が足りないからです」

とやり返しました。次に指名された製品開発本部長は、

「工場の責任です。度々、品切れを起こすので、販売の機会ロスが発生しています」

と言いました。すると工場長も黙っていません。

「生産ラインが止まってしまうのは、製品設計が悪いからです。製品開発本部の責任でしょう」

と反論しました。お互いに責任のなすり付け合いです。しばらく黙って聞いていたヤーガー氏でしたが、議論が平行線をたどっているのをみて、こう言いました。

「みなさんの話はわかりました。今から私のビジョンを伝えます。私のビジョンは、『Consumer is Boss』です。日本のお客様を笑顔にすることがみなさんの仕事です。したがって、みなさんはこれから、それぞれの部門の中でできる、日本のお客様を笑顔にするための施策を考え、私に提案をしてください。それ以外の話は、今後一切、聞きません」

P&Gは日本人になじみのないブランドでしたから、当初はなかなか売れないのは仕方ないにしても、そこで一致団結し、各部門が協力して日本の消費者にP&Gのよさを広めようとすべきでした。

しかし、実際には方向性がかみ合わず、それぞれに一生懸命に仕事をしていたけれど、常に

逃げ腰で、自分の立場が悪くならないように社内政治を始めてしまったことが、日本での営業がうまくいっていない原因でした。

そのことを見抜いたヤーガー氏は、「Consumer is Boss」というビジョンを示し、足の引っ張り合いをやめ、日本の消費者のために仲間で一致団結してやっていこうという指針を明確にしたのです。

その後のヤーガー氏の判断は、常に明確でした。「Consumer is Boss」のビジョンに反する施策はすべて却下し、これを体現する人材を次々に抜擢、日本の消費者を笑顔にすることに徹底的にフォーカスした経営を行った結果、そこから劇的に日本法人の業績は拡大していったのです。

「お客様のための頑張り」が利益になる

日本市場で苦戦していたP&Gが、「Consumer is Boss」というビジョンひとつで、どうして劇的に飛躍したのでしょうか。

その理由として、誰からも文句の出ない、絶対的に正しい指針であり、すべての部署、人が協力できる指針だということが言えます。

「Consumer is Boss」は、ヤーガー氏が創作したわけではなく、もともとP&Gの社内文化として存在していたものです。ヤーガー氏が着任する前の歴代の日本法人の経営者は、そこに意識が向いていなかったようです。

このため各部署がそれぞれの信じる指針にしたがって、ばらばらに活動していたのが実態です。それぞれよかれと思って頑張っているけれど、違う指針で動いているので部門と部門がかみ合わない。

だから、ヤーガー氏が来日したときの会議で、

「うちは一生懸命になっているのに、あちらが足を引っ張る」

という発言になって表れたのです。本人たちにとっては言い訳のつもりはなく、本当にそうだと思っていたわけです。

そのままの状態で、各部署に細かい指示を伝えても、ベースとなる指針が異なるのでやはりかみ合わなかったはずです。そこでヤーガー氏は、どこからも文句が出ない絶対的な指針とし

て、「Consumer is Boss」を示したのです。

もし、営業、商品開発、生産など、どこかの部門に寄った指針を第一に掲げてしまうと、部門間で温度差が出てしまい、「俺の部署は関係ない」という人が現れかねません。その点、「お客様のために頑張ろう」というのは、誰もが納得できる指針ですから、同じ目標に向かって一致団結できるわけです。

「Consumer is Boss」は、P&Gの企業理念のひとつですが、どのような業界、業種のビジネスにとっても、普遍的な指針になりえます。

お客様のために頑張って、悪い結果になることはありません。

それぞれの部署のすべての従業員が、「Consumer is Boss」を指針にして、お客様に喜んでもらうためにはどうすればいいかと考え、行動していくことで、すべての企業活動が顧客満足に収れんされたものになります。それが大きなパワーとなって会社を成長させてくれます。

お客様のために頑張ることは、誰にとっても苦痛ではないはずです。

一般的に、「Boss」と言うと、上司、あるいは社長のことなので、放っておくと、従業員のマインドが上司ファースト、会社ファーストになりやすい傾向があります。

誰だって自分がかわいいので、会社を首になりたくない、認めてほしい、叱られるのは嫌だというのは自然な感情です。はっきりとした指針がない中で、何をよりどころとして仕事をすればいいかと言うと、上司、会社に気に入られるようにふるまおうとするのは、当然です。

そのままでは本人も不幸だし、会社にとってもいいことはありません。上司のため、会社のために頑張ることがうれしい、楽しいと思える人はあまりいないはずです。本当は苦痛だけれど、自分が生き残るために仕方なくやっているのではないでしょうか。

みんながそんな調子で、上司しか見ていない、会社の意向ばかり気にしていると、モチベーションも上がらないし、お客様も離れていってしまいます。

自分の所属している会社の指針として、「Consumer is Boss」を掲げているわけではなくても、自分だけはその意識でいることが重要です。

お客様のために頑張ることは、長期的に会社の利益を押し上げます。

それでいて、お客様から「ありがとう」と感謝される。誰かに必要とされ、自分が頑張ったことが、誰かの役にたつと実感できることで気持ちよく働ければモチベーションは上がります。するると、結果も出やすくなるのです。

書き込み式

先輩鈴木と後輩田中のワークショップ08

先輩：鈴木　後輩：田中

社内の発言や事情に振り回されないこと。優先すべきなのは、お客様だと考えよう。

原則6　お客様が「Boss」である

あなたはある会社の営業リーダーの鈴木さんです。田中君のコーチングをしているときに、先月の売上目標が達成できなかった理由を尋ねました。

すると、「先月の売上目標が達成しなかったのは、企画部のキャンペーンがダメだったんです。もっとよい条件をつけないと得意先は買ってくれません。企画部の山本さんにそのことを話したら、営業が得意先を説得できないのが悪い、と私たちの責任にするんです。どう考えても企画部の責任だと思うんですけどね」

Q1　田中君の発言の問題点はどこでしょう？

Q2　田中君にどんなアドバイスをしますか？

答えは次のページへ

ワークショップ08

先輩鈴木の 模範解答

Q1 田中君の発言の問題点はどこでしょう？

＼ **Answer** ／

売上目標が達成しないことを他部署の責任（他責）にしてはいけません。自責（自分の責任）で考えましょう。また会社のヴィジョンは「Consumer is Boss（お客様がボスである）」であることを認識することです。

Q2 田中君にどんなアドバイスをしますか？

＼ **Answer** ／

田中くん、
当社のヴィジョンは何かな？

お客様を「BOSS」とした売上達成です。

営業はExecutor（実行者）なんだ。売上達成に責任を負うのだ。評論家になってはいけない。

わかりました。
私は企画部を批判する
評論家になっていたん
だと思います。今日から
Executor（実行者）
になります。

書き込み式

先輩鈴木と後輩田中の

ワークショップ09

先輩：鈴木　後輩：田中

マイナスな出来事を判断基準にして、無理と決めつけるのはやめよう。

原則6　「Need to have」と「Nice to have」の違いを理解しよう

あなたはある会社の営業リーダーの鈴木さんです。後輩営業の田中君の得意先訪問件数が少ないので指導するように、と課長から指示されました。

田中君の行動予定を聞くと、1日8時間の仕事時間の半分の4時間を内勤の企画書作成にあてています。通常の営業は内勤時間が2時間ほどで、あとは外勤時間になっています。あなたが内勤時間の削減を提案すると田中君は、「しっかりとした資料を作らないと得意先を説得できないじゃないですか？」と反論してきました。

Q1　田中君の考え方のどこが問題なのでしょう？

Q2　田中君にどんなアドバイスをしますか？

答えは次のページへ

ワークショップ09

先輩鈴木の 模範解答

Q1 田中君の考え方のどこが問題なのでしょう？

＼Answer／

営業の優先事項は得意先との信頼関係であり、訪問件数（コンタクト回数）が重要です。問題点は田中君が訪問件数増加による信頼関係構築より立派な企画書を作成することに優先順位をおいていることです。

ポイントは「『Need to have ？』（必ず必要な仕事）」と「『Nice to have ？』（やらなくても大きな支障がでない仕事）」を分けることです。

Q2 田中君にどんなアドバイスをしますか？

＼Answer／

田中君、
今日はどのような行動予定なの？

はい、今から4時間かけて夕方商談の得意先の企画書を作成します。

どれだけの企画書を
作成するの？

**頑張ってパワーポイントを
60枚作成します。**

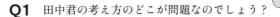

今日の得意先商談のために60枚ものパワーポイントを作るのは、「Need to have?」、それとも「Nice to have?」のどちらかな？

絶対に必要な枚数ではないと思います。

得意先と商談をするのに「Need to have」（必ず必要な資料）は何枚かな？

ワードの企画書3枚あれば商談はできると思います。

そうか。だったら田中君は訪問件数が少ないので、内勤時間を削減して外勤時間を増やさないといけないよな。ワードの企画書3枚はどれくらいの時間で作れる？

第2章

情報収集術

第2章～第5章の活用法

この第2章～第5章は、情報収集術や交渉術、仕事術など、決断してから結果を出すまでのプロセスを支援する具体的なテクニックについて解説しています。

第2章　情報収集術

決断のための判断材料となる情報を集める技術について解説しています。特に、ネットを使った上手な情報収集術について、私の経験を交えて具体的なテクニックを学べるようになっています。

第3章　合意形成術

目標に向かって突き進み、結果を出すまでの道程の中で立ちはだかる問題を解決するためのスキルを合意形成術と位置づけ、関連するスキルについて解説。「合意形成力」「判断力」「トラブル解決のフェーズ」の3つのポイントを学びます。

第4章　交渉術

ビジネスでは交渉はつきもの。結果を出すには、さまざまな交渉を成立させなければなりません。そんな交渉術について、3フェーズ・9ステップからなる基本的な流れと、実践的なテクニックを学びます。

第5章　仕事術

決断力というテーマから離れて、仕事のあらゆる場面を支えてくれる業務テクニックをまとめました。仕事がはかどる社内文書術、組織で出世するための心得、自分の周りに目標達成を支えるネットワークを形成し、チーム力をうまく活用して結果を導く仕事術について解説します。

これらの応用テクニックは、決断力を支え、目標を達成する力をより高めるためのスキルですが、それぞれ単体でも仕事上のいろいろな場面で活用可能です。

1 集めるべき情報はふたつでよい

最後の最後は「会社の理念」で決める

なぜ迷うのか、なぜ決められないのかと言うと、情報に乏しいことが背景にある場合がほとんどです。そこで徹底的に情報を集めて、なるべく判断材料を多くするわけですが、情報収集を際限なくやっていくわけにもいきません。時間ばかりかかってしまいます。

では、何に焦点を絞って情報を集めればいいのでしょうか。

たとえば、AとBという広告代理店から、それぞれ新しいプロモーションの提案を受けたとしましょう。どちらも受注をとりたいので、必死に自分のプランの有効性をアピールします。

必然的に、内容はどちらも悪くなさそうに見えます。

ただし、提案内容や費用が異なりますので、どちらをとれば、より自社にとって望ましい結果になるのかで迷います。加えて、それぞれのプランが、本当に広告代理店がいう通りの予算ですむのか、それだけの効果があるのかという面でも確実なわけではありません。もうこうなると、何を基準に選んでいいのかわからなくなります。

決断するためには、判断材料となる新たな情報を集めなければなりませんが、では、どんな情報を探せばいいのでしょうか。

重要な情報はふたつだけです。

ひとつは、過去に同じ決断をした人がどういう状況にあるのか、です。

就活の選択なら金融業界、建設業界、それぞれの進路に進んだ先輩に話を聞きます。入社10年、20年という中で、どのようにキャリアを歩み、いまどういう状態にあるかを知る。その中で自分の10年先、20年先の未来を垣間見ることができます。

プロモーションプランの選択も同様でしょう。過去、A代理店、B代理店、それぞれと契約した同業者の事例を調べます。すると、最初に聞いていたより費用がかかるとか、効果はなかったとか、その逆に安く上がったとか、思っていたより効果があったといった情報が見つかることもあるでしょう。

いずれにしても、自分のほかに誰か先に同じ決断をしている人の成功談、失敗談を集めることは、より正確な判断のために極めて有効です。

しかし、これだけでは情報として不十分です。

大事なことを他人任せにしない

ふたつのものを比べて、絶対的な評価ができる場面というのは、実は、意外に多くありません。情報を集めれば集めるほど、いずれの選択肢にも有利な情報、不利な情報がそれぞれたくさん出てきて、かえって選べないということが少なくないのです。

たとえば、野球とサッカー、どちらのスポーツがより楽しいでしょうか。競技の成り立ち、ルール、ゲームができる条件、使っている用具、競技人口、ファン層、歴史など、どれだけ多くの情報を集めたところで、どちらのスポーツをやることが楽しいか、という答えは出るはずもありません。なぜなら、そもそも比べるものではないからです。

でも、野球かサッカー、どちらを選択するか決めなければなりません。すると、自分はどちらのスポーツをすることで喜びを感じるのか、というところが、要するに選択のポイントになるはずです。

つまり、決断をするためには、選ぶ対象のためになる情報を集めることと、もうひとつ、選ぶ自分自身の主体の情報を集めることが必要です。

自分の情報とは何でしょうか。自分が遊ぶスポーツを選ぶなら、自分の好き嫌いで選べばいいわけですが、ビジネスの場面での決断は担当者の好みというわけにはいきません。この場合、主体は会社です。

したがって、AとB、いずれを選択することが会社にとってよいことなのか、という情報が必要なわけです。

会社の理念、業務内容、過去の似たような場面での決断の結果、使える資産、現場の状況、サプライヤーとの提携内容、その他、自社や自分たちをとりまく状況を調べることで、よりベストな選択が浮かび上がり、自信を持って決断できるわけです。

2 ニュートラルな状態で情報収集せよ

迷ったら辛い道を選んでみよう

情報収集する際に重要なのは、常にニュートラルな状態で、公平に情報収集することです。情報収集する前の時点で、自分の中で、「こちらにしたい」という前提を作ってしまっていることがあり、意識していないつもりでも、情報にバイアスをかけてしまう可能性があるからです。

実際に、よくあるシチュエーションは、辛い道と楽な道のふたつの選択肢を与えられたときでしょう。心構えから言えば、「迷ったときは辛い道を選べ」ということになりますが、やはり人情としてなかなかそうはいきません。

かといって、安直に楽な道を選べば、まわりに「臆病」とそしられる可能性があります。

そこで、楽な道の選択に有利な情報を意識的に集め、まわりの説得材料に使う、ということがあります。

ニュートラルな立場で、公平に情報収集した結果、楽な道がベストだと判明したならいいのですが、ただ単に自分が楽をしたいという都合で決めてしまっているのだとすれば、目的にしたがった最善の選択ではありません。当然ながら結果は得られにくくなります。

しかも、一時的には楽になるとしても、問題はいつまでも解決されないまま、厳しい状態が続き、本当に得たい成果はいつまでも手に入らないことにも。

やはり、「迷ったときには辛い道を選ぶ」のが正解なのでしょうね。

第一印象がすべてではない

また、自分ではっきり意識して決め打ちするケースだけではなく、最初の第一印象で何となく好感を持った側に、無意識なうちに肩入れしてしまうこともあります。

たとえば、人を採用する場合がそうではないでしょうか。

第一印象は人の判断におよぼす影響が大きいものです。自分が選ばれる立場になった場合、身だしなみや立ち居振る舞いに注意するのはいいとして、選ぶ側がそれに惑わされてしまってはだめです。

典型的なケースが詐欺師でしょう。彼らは、人間の意識が第一印象に支配されやすいことをよく知っていて、上手に利用しています。第一印象で、非常にまじめで、頼もしく、信頼できる人物を徹底的に演じているのです。

その演技に騙され、「この人は信頼できる」という印象を持ってしまうと、後から悪い情報が入ってきても、「何かの間違い」「あの人に限ってそんなはずはない」と自分自身でわざわざ打ち消してしまうわけです。

意識的に気をつけること。そして、「自分はもしかしたら偏っているのではないか」と問いながら、常にニュートラルな状態で情報収集するように心がけましょう。

3 重要な情報はネットにはない

便利な道具が万能とは限らない

現在は情報化社会です。特に、インターネットの普及以降、私たちは多くの情報を簡単に、安価で、いくらでも入手できるようになりました。

いまでは、ネットなしにビジネスは考えられません。何をやるにしても、まずはすぐネットで検索するのが、第一歩です。

非常に便利なツールですが、だからこそ使い方には気をつけたいもの。本当に大事な情報はネットにはない、ということを肝に銘じておきましょう。

なぜ、そう言えるのか。理由は3つです。

①情報は、特定の人のみが知っているゆえに価値がある

いまやネットを駆使すれば、世界中のあらゆる情報を入手することができます。日常生活の知識から高度な専門知識、果ては個人情報まで、とれない情報はないのではないか、というぐらい豊富にあります。

しかし、それはあなただけではありません。世界中の誰でもそうです。つまり、あなたがネットで見つけた情報は、みんなが知っている情報です。

情報は、誰もが知っている状態になった時点で価値をなくします。ネットに流れた時点で、それはもう情報としての価値を失っているわけです。

②ネット情報は信用度（クレディビリティ）の保証がない

ネットには実にたくさんの情報が氾濫しています。その情報は玉石混交《ぎょくせきこんこう》で、官公庁やマスコミ、一般の企業などが配信している比較的に信用度の高いものから、正体不明な怪しいネットニュースまでさまざまです。

中には、意図的に嘘の情報を流す人まで存在します。

嘘の情報は、あからさまに怪しい雰囲気を持っているというわけではありません。2016年のアメリカ大統領選では、誰が操っているのかさえわからない偽ニュースに多くの選挙民が踊らされ、実際に選挙結果に影響をおよぼす事態になりました。

ネットの中には興味深い情報も実際にありますが、かなりの程度の嘘、誤解に基づいた風評も含まれており、むしろそうした間違った情報のほうが圧倒的に多いのが現実です。

③ネットで流れている情報の多くは一般論に過ぎない

決断力にとって、もっとも有力な情報は先に同じ決断を体験した誰かの結果だという話をしましたが、実は、この手の情報が豊富にあるのもネットの特徴です。

端的に言えば、グルメサイトやショッピングサイトの「プレビュー」です。

実際に店を利用した人、商品を購入した人の体験談、感想、評価などが書かれており、とても参考になります。

ただし、プレビューにある投稿は、個人の見解にすぎません。ある人が絶賛している商品を購入したとして、自分も同じ満足が得られるとは限りませんし、その逆もあります。

もちろん、外食や日用品を選ぶ際の参考にする程度なら、当たりはずれがあるのは、許容範囲内でしょう。しかし、ビジネス上はネットで流れている体験談を頼って決断するのは、賢明ではありませんね。あくまで参考にとどめるべきだと思います。

「ネット＋訪問」で役立つ情報は集まる

ここまでネット情報はあくまで参考にとどめるべきと言いました。しかし、まったく役に立たないわけでもありません。使い方によっては、非常に有効な情報収集の手段になります。ある重要な決断を迫られていたとき、すでに似たような状況を経験している人の体験談を探すことになりますが、ネットがなかった時代にどうやって情報収集していたかというと、自分の知り合いの中で情報を持っていそうな人に連絡をとりました。そして「○○について知りませんか？」「○○についてくわしい人がいませんか？」と、聞いてまわったものです。

これは非常に効率が悪い上に、たまたま情報を持っている人に行き着いたとして、その人の経験した状況が、いまの自分とピッタリ重なる「Best Practice」とは限りませんでした。しかし、偶然に行き着いた、たった一人の体験談をもとに決断するしかなかったわけです。

この点、ネットの便利なところは、知りたい情報を検索にかけると世界中の知らない人たちの情報が網羅できるところです。情報を持つ人をたどっていったかつての状況とは、雲泥の差です。

「ネット」とはよく言ったもので、まさに、海のように膨大なデータの中に、ぱっと網をかけて必要な情報だけを一網打尽にごっそりすくい上げることができるわけですね。

さて、ここからが大切で、自分の求める「Best Practice」に近い情報をさらに分けていきます。

検索にヒットした情報をくわしく検証し、情報の信頼性や自分と同じ状態に近いものに分けて、有力な情報源にまで絞り込んでいきます。

しかし、残念ながらもっとも重要な情報はネットにはありません。ここから先はアナログになります。絞り込んだ情報源に接触し、ネット上にはない本当に重要な情報を得るのです。

具体的なプロセスとして、私自身の経験を紹介していくことにしましょう。

脱サラして研修講師として独立したときのことです。当初は個人事業主だったので、働き手は私しかいませんでした。営業して一軒一軒顧客を開拓していくのは、あまりにも効率が悪い。そこでいろいろ調べてみたら、さまざまな研修を提供している「研修会社」に講師登録するのがもっとも手っ取り早いことがわかりました。

とは言え、それまで研修会社と付き合いはなかったわけですし、周りにも知り合いはいません。

そこで、ネットで研修会社を検索してみたところ、あっというまに100社ほど見つかりました。実に便利な時代になったものです。何のつてもない状態から、これだけの選択肢をものの数分で探し当てることができたのですから。

次に、100社の会社概要や得意分野、他の登録講師の状況、契約内容、規約や条件などを分析し、結果、コラボできそうな30社ほどに絞り込みました。

早速、30社に対してメールで私の経歴や研修のプロットなどを送ってアプローチすると、興味を持った10社から返信をもらえたのです。

この先は自分の足を使って、本当に重要な情報を収集しました。実際に10社を訪問して、担当者から直接、研修ビジネスに対する考え方、講師に対する姿勢といった核心の情報を読み取り、契約すべきかどうかという重要な決断を下したのです。

結果、私は、10社の中で相性がよさそうな3社と最終的に契約を交わし、研修ビジネスをスタートしました。今では面会に行かなくても、研修会社のサイトで講師登録しておくだけで、講師のオファーがくるシステムになっています。

しかし、最初から研修会社の担当者に会わずに登録していただけだったら、講師としての私の人となりがわからないので、実際には、依頼はほとんどこなかったでしょう。

その点、担当者に直接会い、意見を交換することで、

「小森さんの研修内容は、A社のニーズに合いそうなので紹介しますよ」

というアドバイスをもらえたのでした。こういう情報はネット上には決してありません。本当に重要な情報は、人脈の中にしかないのです。

4 必要な情報は自分の足で探せ

体験という裏付けに勝るものはない

次にあげるエピソードは、私がP&G時代に上司から聞いた話です。

P&GアメリカのCEOが来日することになり、英語が堪能だった私の上司が案内役として呼ばれました。世界のトップが来るとなれば、当然、みんな身構えます。日本法人にしてみれば、自分たちの仕事ぶりをチェックしにきたわけですから、いいところを見せたい。事前に準備を重ね、満を持して迎えるわけです。

その重要な場面設定のひとつが、「ウェルカムディスプレイ」です。アメリカから役員が視察にきたときは、P&Gの商品がどのように扱われているのか、実際の売場を見て回るのが慣例になっています。そこで、待ち受ける日本側では、事前にルートを設定し、関係のよい取引先の優良店をピックアップした上、視察時間に合わせて商品を山積みするようにお願いしておくのです。

「P&Gの商品は日本でこんなに受け入れられています」

というのをアピールして、満足してアメリカに帰ってもらおうというわけです。つまり、私の上司の役割は、会社が用意したルートにしたがってアメリカP&GのCEOを案内することでした。

その視察に向かう車中でのことです。上司が視察ルートを説明している最中、CEOは聞いているのかいないのか、黙って窓の外をじっと見ていたそうです。そのうち高速道路沿いに大きなホームセンターが見えたところで、突然、

「あれはホームセンターだね。あそこに向かってくれ」

と、言いだしたのです。

慌てたのは上司。視察ルートに入っていない店なので、何の用意もしていません。日本法人の役員から、「予定通り視察するように」と厳命されているので、言い繕おうとしたものの、世界トップの命令に抗《あらが》えるはずもなく、仕方なく予定ルートにない店へと向かいました。

急きょ、お店の人にお願いし、視察させてもらいました。すると、P&Gの商品は隅っこに追いやられていたり、売り場に置いてありません。CEOは厳しい表情でした。

さらに、CEOは、売場にいたパートの女性従業員を指して、

「彼女に話を聞きたい。通訳してくれ」

と言います。予定通りだったなら、お店の人にも協力してもらって、CEOが喜びそうな話をしてもらう段取りでしたが、もちろん、この店ではそのような準備はありません。仕方なく、女性にお願いして話を聞くことになりました。

エグゼクティブは予定調和を許さない

「なぜ、わが社の商品を置かないのですか」

とCEOが尋ねると、女性従業員は目の前の外人がまさかP&Gの世界トップとは知らないので、

「P&Gはだめね。安売りのレッテルがついてしまっているのよ。国内メーカーのほうがお客

さんの受けもいいしね。だからうちではP&Gは置かないわ」

と、ありのまま正直に答えてくれました。CEOは女性の話を熱心に聞き、細かくメモまでとっています。日本側の関係者の前で、散々な状況が白日のもとにさらされていきました。その後もCEOは、車でたまたま通りかかった店に次々と寄ったのです。

CEOにしてみれば、ウェルカムディスプレイで待ち受けていることなど、重々承知なわけです。用意された見せかけの情報など、何の参考にもならない。正しい判断をするために、自分自身で情報を集めるというのが、彼の考えだったわけですね。

これが日本人なら、ウェルカムディスプレイであることは重々承知だったとしても、「せっかく用意してくれたのだから、見るだけ見るか」ということになるのではないでしょうか。アメリカのエグゼクティブが徹底しているのは、「用意されたものなど見るだけ時間のムダ」とすっぱり切り捨てる。そして人任せにせず、自分自身の足で情報収集したところにあります。

実際、このときCEOは、売り場の状況と、店の人に話を聞いただけで、日本市場でのP&Gの状況をかなり正確に見抜いていたそうです。当然、会社に戻ったとき、日本法人の役員たちが用意していたストーリーで会議が進むはずもなく、厳しい指摘をされたのです。

5 ほんの小さな変化にも敏感になれ

人気焼肉店・店主から学んだ観察する価値

サラリーマン時代、大阪に勤務していたときのことです。

会社の近くにおいしい焼肉屋があり、よくランチを食べに行っていました。メニューは鉄板焼きの肉と卵焼きだけなのですが、とてもおいしく、またボリュームがあり、お腹を空かせた若いサラリーマンにとってはありがたいお店です。

この日もランチを食べに行くと、すでにお客でごったがえしていました。カウンター席だけの小さな店なので、すぐ満席になってしまうのですが、運よく一席だけ空いていました。

店の構造は席がL字型になっていて、真ん中で大将がひとり、鉄板に向かって調理していています。注文すると、肉などの焼き物は、カウンター越しに大将から直接受け取りますが、カウンターの中は調理スペースしかないので、ご飯やお吸い物などは、配膳係のおばさんが席の後ろから回って渡してくれます。

特にこの店では、ご飯をおかわりする人が多く、いちいちやりとりする面倒をなくすためでしょう。お客ひとりに1個ずつお櫃《ひつ》で出てきて、好きなだけ自分でよそって食べるのが、この店のやり方でした。

当時は、私も若かったので、何杯でもご飯を食べられます。3杯ぐらいおかわりしましたが、焼肉と卵が一切れずつくらい残っています。こんな状態なので、もう1杯おかわりしようかなと思っていたところでした。

ところが、背中越しに配膳係のおばさんの手がぬっとでてきて、「もういいですね」と言うと、お櫃をさっと下げてしまいました。私は「まだ食べます」と言おうとしたものの、ちょうど口の中にご飯が入っていたので、とっさに声がでません。急いでご飯を飲み込んだときには、もうおばさんは店の奥。残念な気分でしたが、いまさら呼び戻すのも気が引けて、あきらめかけたときでした。

大将が配膳係のおばさんに向かって、私を指し示しながら、

「こちらのお客さん、ご飯！」

と言ってくれたのです。このときの感動は、20年以上たったいまでも鮮明に覚えているぐらいです。

ごはんが食べられたことがうれしかったのではなく、私のことをきちんと見てくれていた、何を求めているか察してくれたことが、うれしかったのです。

すばらしい観察力です。大将はひとりで調理しているので、店内の様子を眺めているような余裕はないはずです。それでも、調理しながらカウンターに座っている十数人ほどのお客の様子に気を配っていたのです。

だから、私の仕草から、「まだご飯を食べるのに、配膳係が持っていってしまった」という情報を目ざとく見つけ、それを確信しておばさんに指示しているわけです。

日ごろから、まわりのことを注意深く観察しているのでしょう。だから、この店は人気店になったのではないかと思います。

第3章

問題解決力

1 決断したからには結果にこだわれ

ダンドリで9割が決まる

高い目標に立ち向かう決断を下し、結果が出るまでやり抜く過程の中で、さまざまなことが起こります。そうした問題を解決していくテクニックを「問題解決力」として集めました。具体的に解説しているのは、「合意形成力」「判断力」「トラブル解決の3つのフェーズ」です。

①合意形成力

まず、合意形成力は同じゴールを目指しながら意見が対立した場合に、意思統一を図る場面で力を発揮します。

自分の意見を通すことが目的ではなく、ゴールに到達する手段としてよりよい解答にたどりつくことを目指しています。自分の意見が間違いだと気づけば、自らも折れることを含めた考え方です。チーム力を発揮するのに、より重要なスキルと言えるでしょう。

②判断力

判断力とは、決断力を発揮する過程の中で、一つひとつの物事を正確に見極めていくことを言います。

決断力の前提として、そもそも事実の認定、事象の理解が的を外れていたら、目標達成に大きな障害になります。

情報収集によって得られた生の情報、データ、分析結果をもとに、いろいろな判断を重ね、決断の前提となる論理を構築するための力ということになります。

③トラブル解決の3つのフェーズ

ビジネスをやっていると予期しないトラブルに見舞われることも少なくないと思います。

突然、起こった事態にびっくりしてパニックになってしまうと、下手な対処を行った末に、かえってややこしい事態に発展したという経験はありませんか。

こういうときはトラブルが深刻なほど、いったん冷静になって、慌ててむやみに動くのではなく、粛々《しゅくしゅく》とだんどりにしたがって処理することが重要になります。

具体的には、トラブル解決には3つのフェーズがあります。ここで問題解決を図る3つの力について、順にお話することにしましょう。

「正しいことを正しい」と、どう言うのか

物事を進めていく過程では、方法論で意見が分かれる、ということはビジネスの場面ではよくありませんか。

立場が対等な同僚との間であれば、徹底的に議論を尽くして最適な答えに到達することもできますが、相手が上司や先輩などの場合、押し切られてしまうことが多いと思います。

こんなときに「本当は自分の案のほうがいいのに」という思いを引きずりながら作業をすると、ベストパフォーマンスは発揮できなくなってしまいます。

上司の立場で考えて見ても、決していいことではありません。

自分の発言力が強いので、意見が通りやすいわけですが、本当にそれでいいのでしょうか。ひょっとしたら部下の案が、ベストかもしれないからです。同じゴールを目指す仲間として、立場の違いによらず、よりベストな問題解決策を互いに探っていこうとすることが正しいはずです。

とは言え、お互いが「自分の案こそ正しい」と言い合うばかりでは水かけ論になりかねませんね。そこで、意見の対立を解消し、ゴールを目指すための最適解を導き出すテクニックが、次に紹介する合意形成術です。

これは、P&G時代に教わったやり方ですが、普遍的なテクニックとしていまも日常的に使っています。

具体的には、①「Obtain」、②「Verify」、③「Transmit」を経て、最終的に④「Information Exchange」にたどり着きます。順を追って説明しましょう。

①「Obtain」＝情報収集をする

意見が対立したとき、とにかく自分の意見を通そうとするのではなく、まず、「Obtain」から着手します。日本語にすると「得る」「手にする」という動詞で、P&Gの社内で使っているときは、「説得材料を得る」といった意味合いで使っていました。

実際に何をどうするのか、簡単な例として、ある場所に向かうのに、電車など公共交通機関を利用するか、自動車を使うかで意見が分かれた場合で想定してみましょう。

決める最初の段階では、「電車がいい」「車がいい」と言っていますが、お互いに根拠もないわけです。その場の思いつきで、「車では時間が読めない。電車がいい」「電車だと乗り換えが多いし、荷物も多いから、車のほうが都合いい」と言い合ったところで埒《らち》があきません。

そこで説得する根拠として、電車と車を利用したときにかかる費用や移動時間などを具体的な数字で調べてみて、さらに、渋滞のリスク、重い荷物を抱えて移動する手段など、相手につかれそうなポイントなども含めて、ディスカッション材料を集めます。これが、「説得材料を得る」ということです。

②「Verify」＝集めた情報をどう解釈するか

お互いが情報収集をして説得材料を集めたら、それを持ち寄って、「Verify」します。ここで集めた情報をどう解釈するのか、相手と自分の軸が入ります。

「Verify」は、「確認する」という意味。この場合の確認は、意見の相違点の確認であり、相手の持ってきた説得材料の確認であり、争点の確認でもあります。

電車が好きな人の立場で言えば、「時間に正確」「コストが安い」といったことを実証するために、電車と車、双方の移動時間、かかるコストの違いを調べて提示、まずは事実確認をします。

さらに、車が好きな人が言う「電車は乗り換えが多い」「荷物がたくさんあって大変」という論拠に対して、乗り換えを少なくする路線の選び方や荷物を全員で分散するなど、工夫の余地があることを立証して反論します。

③「Transmit」＝意見を伝える

お互いの説得材料を出し合って、それを一つひとつ突き合わせて確認し、争点を明確にしたら、次に、「Transmit」します。直訳すると、「送る」「伝える」と言った意味ですが、要するに、

「相手を説得」するということです。

説得するという意味の英語としては、「Persuade」といったもっとふさわしそうな単語もあるのに、あえて、ちょっとソフトな感じの「Transmit」と表現しているのは、説得という言葉に、「俺の意見が正しい、お前は間違っている」というように、相手を説き伏せ、自分の意見に従わせるというニュアンスがあるからです。

相手を説き伏せるディスカッションではなく、自分の意見、主張を相手に伝え、「私の意見はこうだけど、あなたはどう思う」という対話型のディスカッションを意図したものです。

④「Information Exchange」＝情報を書き換える

お互いに説得材料を持ち寄って、意見を交換し、情報がその通りかどうか確認していく、という面倒な作業をするのは、相手の「Information Exchange」を引き出すためです。

「Information Exchange」は、直訳すると「情報交換」とか「情報交流」といった意味ですが、ここでは「情報を書き換える」というニュアンスで使います。

これが相手の頭の中で起こらなければ、決して意見を変えてくれません。双方とも、それぞれ主張を裏づける何らかの根拠があるから、自分の意見が正しいと主張しているわけです。「何となく」といった頼りない理由かもしれません。それでも、本人の意思です。それを無視して、「お前の意見は間違っている」と迫ったところで、相手は意見を変えません。よしんば、自分の間違いを認めざるを得ず、渋々折れたとしても後にしこりが残るだけです。

それよりも、自分の意見がベストな案であることを理解してもらい、相手に「なるほど、こちらのほうがよりベターだね」と意思を覆してもらうことが重要です。

この「Information Exchange」を相手に起こしてもらうポイントはふたつ、「Fact（事実）」と「Feeling（印象）」です。「Fact」は「頭脳」に、「Feeling」は「ハート」にアプローチします。

意思決定パターンには6つある

前項目で相手の考えを変えてもらうには、「Fact」と「Feeling」がポイントであるという話をしました。

合意形成を図る上で、知っておいてほしいことは、意思決定には頭脳とハートの2通りがあるということです。

頭脳で理論的に判断する部分と、感情で感覚的に判断する部分があり、この組み合わせによって意思決定を図ります。そのパターンは、6つに分類できます。
①合理的意思決定、②直感的意思決定、③感情的意思決定、④独創的意思決定、⑤官僚的意思決定、⑥政治的意思決定です。

①合理的意思決定
分析、理論、プロセスを重視し、イメージでいうと学者に多いタイプ。男性脳とも呼ばれ、比較的に男性に多い意思決定のパターン。

②直感的意思決定
直感、本能、ひらめき型で、イメージは芸術家。女性脳とも呼ばれ、比較的に女性に多い意思決定のパターン。

③感情的意思決定
ストレスや焦りといった状況に支配されているときの意思決定パターンで、典型的なのは夫

婦げんかしているときやギャンブルにおぼれているときです。

④独創的意思決定

斬新さや新しさを求め、先例がないこと、結果がわからないことをよしとする意思決定パターン。発明家に多く見られる。合理的な発想をベースにしていると不可能な意思決定です。

⑤官僚的意思決定

命令、ルールに従う意思決定パターン。官僚、軍人に多く見られる。実際に、官僚機構ではこのタイプの意思決定が支配的。

⑥政治的意思決定

昇進、権威、支持などに従う意思決定パターン。そのものずばり政治家に多い。権威や損得が意思決定に重要な要素になります。

①、⑤、⑥が、頭脳型の意思決定です。理屈、数字、前例といった厳然とした判断基準の上に、意思決定します。

②、③はハート型です。頭で考えた理屈ではなく、気持ちがいい、好きだ、しっくりくるといった感覚で意思決定をしていくことになります。

④は他の5つと違って特殊で、頭脳型とハート型が混在しているパターンです。理論的で筋は通っているので、そういう意味では頭脳型なのに、既存の発想では絶対に出てこない解決方法なので、ひらめきや勘といった感覚的な部分も使っています。

こうした意思決定の6つのパターンがあることを知った上で、合意形成をしていきましょう。目の前の相手が、どのパターンに当てはまるかによって、議論のもって行き方が変わるからです。

合理的な意思決定パターンの人には、理詰めで説得し、直感的な意思決定パターンの人には、写真や絵で見せるといった工夫が必要です。

ここで注意したいのは、それぞれの人がこれらのパターンのどれかに当てはまるのではなく、ひとりの中に複合している、ということ。官庁や役所は、先例やルールに則っていることなどが重視されるわけですが、その中でも、合理的に意思決定する部分と直感的に意思決定する部分もある、ということです。

「あなたの提案は理論的に正しいし、その考え方が好き」と受け取ってもらえることが理想です。

2 判断に求められるのはスピード感

変化に合わせて計画は修正すればいい

判断はスピードが命。

ここでいう「判断」とは、決断の前段階にある一つひとつの局面で生じるジャッジのことだと思ってください。

集まった情報をどう見るか、誰が何をやるのか、何をゴールにどのように目標設定するのかというようなことが固まってきて初めて、「よし、やろう」という決断を下せるのです。

さらに、日々目標に向かって進んでいく中で、想定していなかったいろいろな問題が起こり、状況も変化していきます。部下の報告からいま何が起こっているかを判断し、どのような手を打つか、どのような計画修正を加えるのかを一つひとつ判断するわけです。

そしてこのとき、非常に重要になるのがスピードです。

判断を後回しにしても、結果がよくなることはほとんどありません。なぜなら、判断すべきことというのは、そもそもどちらを選んでも大差ない、あるいは、やってみないことにはわからない、ということが往々にしてあるからです。

たとえば、この夏の家族旅行はどこへ行こうかと、あれこれ迷っているより、「去年は海だったから今年は山」「予算は○○円以内」「今日の仕事帰りに旅行会社のパンフレットをもらってくるから、その中から決める」と、さっさと判断してしまったほうが話は早いでしょう。仮に、じっくり時間をかけて旅行先を吟味したところで、満足度はそれほど変わらないはずです。

判断を先延ばしにしても、ずっとそのことを考え続けていたり、情報を収集していたり、ということであれば意味がないとは言えません。が、結局、判断を先送りしただけで状況は何も変わらない、ということが実際には多いものです。

私の気に入っている言葉に、「判断は一瞬」という言葉があります。友人が言っていました。でも、何かの判断を問われて、その場では即答できず、「2、3日考えさせて」と言って、返答を先伸ばしにすることが、よくあると思います。

その際、本当にずっと考えていたり、誰かに相談してみたり、といったアクションをとっていることは意外に少ないものです。

そう考えると、結論を出すまでに、たとえ何日、何週間あったとしても、ジャッジを下すのはほんの一瞬の作業ではありませんか。それに気づいて、「なるほどその通り」と思い、以後、私自身も日々実践するようになりました。

「Need to have」と「Nice to have」

間を置かず、スピーディーに、パパッと一瞬で判断を下していくためには、日々の訓練を積むことです。

外資系企業で感心するのは、とにかく判断が素早くて明快なことです。これは何も、エグゼクティブにかかわらず、中間管理職から一般の社員にいたるまで、おしなべてそうです。

もちろん個人差はありますが、会社の文化として徹底しているため、長く勤めていると自然に身についてしまうようです。

ではいったい外資系企業の社内では、何をやっているのでしょうか。たとえば、P&Gでは、『Need to have』と『Nice to have』の違いを明確にせよ」ということを徹底していました。「Need to have」は、「それが必要だ」というもので、「Nice to have」は、「あればうれしいけれどなくても支障はない」ものです。ビジネスには必ずこの2つが混在しており、明確に分けなくてはならないと教えられました。

すなわち「Need to have」の仕事は必要なものなので優先して取り組む。「Nice to have」の仕事はなくても支障はないので基本的に手をつけないか、時間に十分な余裕のあるときにだけやる、ということを徹底して教えられたのです。

たとえば、上司に今週のスケジュールを提出したとします。すると、上司は、その予定一つひとつに、「この会議は、今月の売上目標達成のために『Need to have』の仕事かい？ それとも『Nice to have』の仕事かい？」といちいち判断を求めてきます。

これは、訓練です。「Nice to have」の仕事は、放っておくといつの間にか混在してしまいます。目標達成のためにやらなければならない「Need to have」の仕事にフォーカスし、優先的に取り組む癖をつけさせるためです。

本当に大切なことは何か

これもP&G時代のこと、当時私が担当していた和歌山県で手広く商売をされている卸業の社長からゴルフコンペのお誘いがありました。国内トップメーカーばかり、ざっと500社を呼んで、毎年1回、盛大に行われる大会です。私も新人の頃から参加していましたので、社長からいつもの調子で、

「今年もやりますけど、もちろん参加していただけますよね」

と連絡がありました。

ところが、私は、このお誘いを断わらなければならない事情がありました。この年から、P&Gワールドワイドの方針が変わり、業務上のゴルフがすべて禁止になったからです。ゴルフをしても、P&Gのビジョンである「すべてのお客様を笑顔にする」ことにも通じないし、売上にもならない、という判断からでした。そこで私は、

「申し訳ありませんが、会社の方針が変わったので、参加できません」

と告げました。しかし、先方にもそう簡単に「ああ、そうですか」と言えない事情がありま
す。

当時、日本ではゴルフの交流は遊びでなく立派な仕事です。日頃の取引の中でビジネスライクな付き合いをしているメーカーと卸が、職場を離れて親睦を深める大事な機会とされていました。加えて、すでにこのころ、P&Gは和歌山県下でトップシェアを分け合う存在になっていました。

「他のメーカーはみんな来る。トップのP&Gがこないと格好がつかない。なんとかなりませんか」

と、頼み込まれたのです。

とりあえず上司に相談してみると言って、電話を切りました。当時、私はまだ、「Need to have」と「Nice to have」が徹底できていなくて、その場では判断できなかったこともありますし、上司を説得できるだろうという思いもありました。

上司は日本人です。アメリカからの指示だから仕方なくしたがっているけれど、日本人なら日本のビジネスシーンにおいてゴルフの存在がいかに大切か知っているはずです。さっそく、

上司に、

「どうしても来てくれ、と頼まれました。断ると卸の社長の顔をつぶすことになります。今後のことを考えると私も参加したいのですが」

と、申し出ました。私はてっきり上司もわかってくれると思っていたのですが、

「ゴルフは『Need to have』ですか？　それとも『Nice to have』ですか？」

と聞いてきたのです。何を言っている「Need to have」に決まっているじゃないか――そう思いつつ、

「『Need to have』ではないでしょうか？」

と答えました。ところが、渋い顔で一言、

「どうしてですか？」

と、再び問うのです。私は上司の意図がわからず、ムキになって反論しました。

「どうしてって、○○社さんはうちにとって大事な取引先だし、その社長からの直々のお誘いを無下に断れません。ライバルメーカーは来るのに、うちだけいかないといまの良好な関係がどうなるかわかりませんよ」

当時の日本ではそれが当然の考え方でした。譲らない私に、上司がひとつの提案をしてくれました。

「よし、そこまで言うならこうしよう。とりあえず、会社の方針だから、○○社さんには悪いけど今回のところは辞退してくれ。それで、へそを曲げて、取引を減らされることでもあれば、次回から参加を認めてもらうよう、上にかけあおうじゃないか」

日本の中では、「恒例だから」「付き合いだから」「みんなやっているから」で何となく通じてしまうところがあります。しかし、よくよく考えれば、ゴルフに行ったところで売上には、ほとんど関係ありません。何となく怖いのは、自分がその場にいなかったことで、関係が変わってしまうのではないかということですが、決して確かな裏付けがあるわけではないのです。

上司に言われた通り、ゴルフコンペの参加を断りました。しかし、その後、取引には何の支障もなく、売上もまったく変わりませんでした。

日常の延長線上で仕事をしていると、本当に優先すべきことは何か見えなくなってしまいます。日頃から、「Need to have」と「Nice to have」を問い続けていくことが重要なのです。

3 トラブルは「3つのフェーズ」で解決する

トラブルが深刻なほど冷静になれ

ビジネスを行っている中で、予期せぬトラブルというのは、わりと頻繁に起こります。予期しないトラブルですから、予め準備をしていないことがほとんどです。このため多くの人は慌ててしまいます。あげく誤ったトラブル処理によって、かえって問題をこじらせたり、長引かせたりすることがあります。

たとえば、取引先がカンカンになって怒っているとしましょう。実際、私が勤めていたP&Gやロレアルでもこういうトラブルはしょっちゅうありました。

ある日のことです。部下が、血相を変えて私のところにきました。

「小森さん、大変です。トラブルです。○○社（取引先）のバイヤーが、怒ってクレームを言ってきたと、卸の○○さんから連絡がありました。もう取引しないと言っているそうです」と、報告してきました。確かに緊急事態です。このとき、慌ててパニックになっていると、誤った対処に陥ってしまいます。よくあるのは、何が起こっているかよくわかっていないのに、「何はともあれ、すぐ謝らなければ」と先走ってしまうケースです。

トラブルに対しては、迅速に行動したほうがいいのはその通りですが、対処法は慎重にすべきです。場合によっては「何もしない（やり過ごす）」ことが正解のケースもあります。よく聞いてみたら、卸と小売の間で発生したトラブルで、メーカーであるP&Gには直接関係ない、ということも実際に多々ありました。

下手に介入すると問題がややこしくなるばかりか、火の粉が飛んでくる。自分には関係ない問題だったのに、いつのまにかトラブルの当事者になってしまいかねません。トラブルが深刻なほど、いったん冷静になって、どのように対処するか、慎重に検討しましょう。トラブルの解消は、次のフェーズで行います。

①問題を明確にする
②問題への対処法を決定する

③具体的な解決策を立案・実行する

ここでくわしくみていきましょう。

トラブルに振り回されないコツ

第1フェーズ　問題を明確にする

トラブルが起こったら、「まず対処」ではなく、問題を明確にすることが先。問題の質や内容で対処法は変わるからです。ここがわかっていないと、業務を一時中断して膨大な労力を費やした上、何も解決しないという事態に陥ってしまう危険性があります。

解決手段を探るためには、次のステップで問題を明確にしていきます。

ステップ1　問題の把握

何が起こっているのかを把握します。

問題を把握するには、次の質問を当てはめてみましょう。

・どこで起こっているのか
・どの分野で起こっているのか
・どのような形で表れているのか
・新しい問題なのか
・今後、連続して起こりえる問題なのか
・なぜ、その問題が起こるのか
・誰にとって一番問題なのか
・放置しておくと、どうなるのか
・自分ひとりで解決できるものか

ステップ2 過去事例の照会

問題の打ち手を探るために、過去の同じような事例にあてはめてその結果を検証します。

・過去、同じような問題が起きていないか
・そのときは、どのような形で対処したか
・そのときは、結果はどうなったか
・そのときの対処法と結果からわかったことは何か
・同じような問題が起こったにもかかわらず、また発生したのはなぜか

ステップ3
取り組むべき問題なのかどうか検証

トラブルに対しては、直接介入しないケースもあります。自分が取り組むべき問題なのかどうかを検証します。
・その問題をなぜ、いま取り上げなければならないのか
・その問題を取り上げないと、どういうことになるのか
・その問題を取り上げて手を打つと、どのようなプラス面があるか
・その問題を解決すると、どうなるか

・その問題を解決しないと、どうなるか
・その問題を解決すると、誰が一番利益を得るか、誰と誰が喜ぶか
・その問題を解決しないと、誰が一番被害を受けるか、誰と誰が困るか
・その問題を解決しても、得にも損にもならないのは誰か
・その問題を解決することに対して、反対（抵抗）しそうなのは誰か
・その問題を解決することに対して、賛成（支持）しそうなのは誰か

以上のステップによって問題の本質をとらえられるので、方策を検討する準備が整います。

第2フェーズ　問題への対処法を決定する

第1フェーズで問題を明確にしたら、次のフェーズで対処法を選択します。具体的な対処法は、問題のレベルに合わせて6段階あります。

レベル1　意思決定を行う

このレベルの問題は、自分で解決できるレベルです。自分で意思決定し、解決のアクションをとります。

レベル2　個別に何人かと話し合う

このレベルは自分の掌握している範囲ですが、ひとりでは解決できない問題です。まわりに相談し、アドバイスを求め、協力者になってもらい、解決のアクションをとります。

レベル3　何人かのグループに相談する

このレベルも自分の掌握している範囲ですが、ひとりでは解決できない問題で、より多くの助けが必要になる事案です。多くの人を動かすので上司・会社の許可が必要になります。

レベル4 他者による意思決定を促進する

このレベルの問題は、自分の管掌《かんしょう》領域を超えています。上司、会社、取引先に事態を報告し、意思決定を促します。

レベル5 問題を誰かに任せる

このレベルの問題は、自分では解決不可能です。解決できる適切な第三者を探し、解決を依頼します。

レベル6 問題を無視する（やり過ごす）

このレベルの問題は、自分や自社には直接に関係のない問題、あるいは、ビジネス上の目的にまったく関係ない問題です。無視ですから、返事もしません。何もせずそのまま行き過ぎるのを待つということです。

ここでわかることは、6つのレベルの問題のうち、半分は自分で解決しなくてよい問題だということです。多くの人は、トラブルが起こると慌てて対処しようとします。しかし、動かなくてもいい問題が多くあることを覚えておくのが、ポイントです。

第3フェーズ　具体的解決策を立案・実施する

第2フェーズで問題への対処法を決定したら、次に、具体的なアクションプランを立案し、実施します。この場合、レベル4、5は自分では解決しないので、報告・依頼したらあとはお任せします。

レベル6についても、無視・放置なので何もアクションはありません。アクションが必要なのは、レベル1~3のケースです。

アクションプランの立案・実施については、次の3ステップで行います。

ステップ1
解決策に複数の選択肢を用意する

解決策の立案については、「もうこれしかない」と思い詰めるのはよくありません。特に、最初にぱっと思いついたアイデアをさっそく実行してしまうと、大抵失敗するので注意しましょう。どんな問題も最低3つは、解決策が見つかるものです。

ステップ2
選択肢を評価する

解決策の選択肢がおおかた出尽くしたら、それを並べて評価します。
評価は、メリットとデメリット、成功の可能性の二軸によって行うのが有効です。

ステップ3
成功の可能性を考慮して意思決定を行う

対処法は、メリットが大きく、成功の可能性が高いものがベストです。

どちらかというと優先すべきは成功の可能性です。よいアイデアだったとしてもトラブル解決に成功しなければ何にもなりません。

解決策を実行し、トラブルが解決したら、最後に、同種のトラブルが今後、発生しないように問題の根本原因を明確にし、業務フローの修正を行って、すべての処理を終了します。

第4章

交渉術

1 交渉が必要なケースとは？

相手が「うん」と言ってこそうまくいく

ビジネス上の目標を達成する上で避けて通れないのが交渉です。

自分が頑張ればいいだけなら、体力と時間の許す限り頑張ればいい。けれど、相手がある場合にはそうはいきません。自分がいくら固く心に誓ったところで、相手が「うん」と言ってくれないことには、話は通らないのです。

ここでは交渉術として、3フェーズ・9ステップからなる交渉の基本的な流れと、実践的なテクニックとして、私自身の経験を交えた応用交渉術をまとめました。

さっそく具体的な交渉術の中身に入る前に、なぜ交渉が必要なのか、というところから押さえていきましょう。交渉が必要になるのは、次の条件がそろったときです。

①利害の衝突があるとき

お互いの意思が一致しないとき、交渉が必要になります。簡単な例では、小売店に買い物にきたお客様が、値段と品質に納得し、店側のつけた価格で購入決定した場合、交渉は生じません。しかし、お客様は、「その商品が欲しいけれど、できればもう少し安く買いたい」と思い、一方の店側は「あまり値引きしたくない」となると、そこに交渉が必要な状態が発生します。

②問題の解決方法が明確でない場合

両者の利害が衝突しても、解決方法が限られる場合、交渉の余地はなくなります。たとえば、ホテルに泊まるとき、本当はツインがよかったのに、ダブルの部屋しか空いていなかったとしましょう。希望とは異なりますが、ないものはしょうがありません。ダブルの部屋で妥協するか、あきらめて他のホテルを探すかしかないのです。

利害が衝突し、解決手段がわからないときにだけ、両者で話し合う必要が出てくるわけです。

③両者がある程度妥協できる場合

交渉しても両者に歩み寄る意思がない場合、交渉するだけ時間のムダです。

営業に出かけたとき、相手のバイヤーに会社の規定を上回る値引きを要求されたとしたら、「その価格ではできません」と断って、交渉を打ち切らなければなりません。ルール違反なので、妥協の余地は本来ないのです。

この3つの状況がそろったときに、双方が交渉する意義が生まれます。これが交渉の大前提です。

2 「問題解決」から「スキル開発」まで

「3つのフェーズ」と「3つのステップ」

交渉には3つのフェーズにおのおの3つのステップ、計9ステップのプロセスがあります。

フェーズ1　準備
・ステップ1　問題発見
・ステップ2　目標設定
・ステップ3　戦略立案
フェーズ2　交渉
・ステップ4　戦略遂行

・ステップ5　分析続行
・ステップ6　交渉締結

フェーズ3　フォローアップ

・ステップ7　決定事項実施
・ステップ8　プランニング
・ステップ9　スキル開発

以上が基本的な流れです。このプロセスはステップ1から9まで一方通行で進んでいくわけではなく、状況に応じて行ったり来たりすることもあります。

くわしく見ていきましょう。

あきらめない気持ちが結果を生む

フェーズ1　準備

ステップ1 問題発見

何のために交渉するのかを見極めるステップです。交渉の必要な条件に照らし合わせ、交渉が可能なのかを判断し、何を目的に交渉するのか、利害が衝突しているポイントはどこか、どのような妥協点が考えられるのかといったことを探ります。

ここが明確になっていると、後のステップである戦略立案がスムーズにできます。

ステップ2 目標設定

交渉の妥結点を意思決定するステップです。大事なことは、目標をふたつ用意することです。ひとつは絶対に達成しなければならない最低限の目標。もうひとつは、できれば達成したい理想的な目標です。

絶対に達成しなければならない最低限の目標に達しない場合、物別れになってもいいということです。逆に、理想的な目標は、相手との関係を考え、これ以上の要求はできない水準です。

営業のときの価格交渉でいうと、これ以上は値引きできない最低限の目標と、この価格で売りたいという最高額の間で交渉します。いずれかを逸脱した場合、その時点で交渉は打ち切ります。

この2つの目標が定まっていないと、相手に引きずられて無理な値引きを約束することになるか、あるいは、もっと高く設定できたのにみすみす安い価格で妥協することになります。

ステップ3 戦略立案

交渉を成功させるための戦略を立案するステップです。手始めに、初期分析をします。初期分析とは、性格、立場、権限など、交渉相手の情報をできるだけ集め、予想される交渉手段など、戦略のベースとなる情報を分析することです。

次に、初期分析にしたがって、交渉のストーリーを立てます。相手と会って第一声に何を言うのかから始まって、交渉の切り出し方はどうするか、どういったロジックで進めるか、クロージングのタイミングはどうするか、反論されたときはどうやって切り返すかなど、一連の流れをできるだけリアルに想像します。ドラマの脚本を書くようなイメージです。

このストーリーがうまくできると、交渉の戦略がしっかり描けます。何を事前に準備したらよいか、交渉にふさわしい場所はどこか、雰囲気作りはどうするか、ひとりでいくか、上司に応援を頼むか、初回の交渉の着地点はどうするか、といったことが明確になります。

フェーズ2 交渉

ステップ4 戦略遂行

交渉の当日、ステップ3で事前に立案した戦略の通りに実行します。これが実際にはなかなかできません。

おかしなことに、自分で立てた戦略なのに、実際に交渉のテーブルにつくと、頭が真っ白になって事前の準備とはまったく違うことを口走り、そのまま迷走してぐだぐだになることがビジネスの場面ではよくあります。

そうならないためには、事前のシミュレーションを入念にやっておくことです。これが甘いと、想定していなかったことが次々と起こり、どうしていいかわからなくなるわけです。

ステップ5 分析続行

交渉の場面で、交渉相手を目の前に情報収集し、戦略に修正を加えていくステップです。交渉のもっともハイライトな部分であり、妥結できるかどうかの肝です。

事前の段階で、どれだけ綿密に情報収集し、何度シミュレーションを重ねても、それらは想定でしかありません。交渉本番に突入すると、事前に想定していなかったことが起こります。

たとえば、予期していない質問が飛び出したとします。質問に答えなければなりませんが、あいにく用意がありません。ここで返答を間違えれば、問題の種を残してしまいます。

まずは、慌てないことが重要。ひと呼吸入れて、気持ちを落ち着かせ、相手をいらつかせないように、にこにこしながら1、2秒の間を作り、その間に頭をフル回転して考えを整理し、戦略から逸脱しないように返答を導き出します。

優秀なネゴシエーターは、交渉の最中でも、相手の話ぶりやしぐさなどから、その人の癖、隠れたニーズを引き出して、最終的に目標の範囲内で妥結できる能力を持っています。

ステップ6 交渉締結

交渉の締結まで持っていくステップです。

最終的にたどり着く結果は2通りです。ひとつは「交渉成立」。ふたつめは「行き詰まり」です。

両者の思惑が一致し、目標の範囲内で妥結点に到達した場合、めでたく交渉成立です。問題は、そうならなかった「行き詰まり」のケースです。ここで重要なことはふたつあります。

まず、事前に決めた目標の範囲を逸脱する場合、安易に妥協してはならない、ということです。納得できない条件なら合意しない、物別れになってもいいという覚悟を決めることです。

もうひとつ重要なことは、「行き詰まり」を「決裂」にしてはいけない、ということです。相手にも都合があるわけですから、合意に至らない場合があるのは仕方ありません。次の交涉の機会に備えて長期的なビジネス関係を築くために、信頼を維持することが重要です。

フェーズ3　フォローアップ

ステップ7

決定事項実施

交渉は合意に達したら、それで終わりではありません。より高いステップに向けて、妥結後のフォローアップが非常に重要です。

このフェーズで最初に行うステップは、何はともあれ、両者の間で合意した決定事項を的確、かつスムーズに実施することが重要です。これが意外にできないことが多く、トラブルに発展するケースがたびたびあります。

特に注意しなければならないのは、交渉担当者と実施担当者が別の場合です。合意内容が正確に伝わらず、うまく実施されないと、せっかく合意に達したことが撤回されてしまうだけでなく、関係が悪化する危険があります。

交渉を締結したら合意内容をしっかり整理し、社内で共有します。実施の前段階で交渉担当者と実施担当者が、実施スケジュールのポイントなどを打ち合わせしておくことが効果的です。

ステップ8 プランニング

交渉がめでたく成立してもしなくても、今後も付き合いが継続し、再度交渉のテーブルにつく可能性がある相手であれば、今回の交渉で得たこと、感じたこと、次回を見据えたアイデアをまとめておきます。そのタイミングは、交渉が終わった瞬間がもっとも適しています。

情報や伝聞でしか知らなかった交渉相手を目の前にし、実際のやり取りを行ってみて、事前の想定と違っていたこと、合っていたこと、また、新たに気づいたことなどがたくさんあるはずです。それらの情報を、記憶が鮮明なうちにメモしておき、次回にそなえて交渉の段取りをあらかじめ考えておくわけです。

仮に、自分自身は担当を外れても、会社としては付き合いが継続していくことが多いと思います。その際も、残したメモが後任の仲間にとって貴重な情報源になるのです。

ステップ9 スキル開発

交渉の結果、見えてくるのは相手のことだけではありません。自分が交渉している姿も実はよく見えています。

真剣勝負の交渉の場は、もっとも強力なトレーニングの場であると同時に、自分の長所や短所が極端に出る場でもあるのです。

ここはうまくできなかった、事前のシミュレーションと違っていたという反省点、逆に、ここはうまくできたという収穫もあります。

そうしたポイントをサマリーして、自分自身の交渉スキルの開発に役立てましょう。

3 強気の交渉で「業界最高年俸」を獲得

交渉は強気で挑む

ここからは、基本プラスワンのテクニックとして、実践的な交渉のポイントを、私の経験した実例なども交えて解説してみたいと思います。

20数年間のサラリーマン生活の中で、数限りない交渉を経験してきましたが、まずお伝えしたいことは、「交渉は強気で挑め」ということです。特に、こちらから売り込みに行く立場は、どうしても下手に出てしまいがちです。それでも、あえて強気で交渉することで結果がよくなることが多いのです。

この場合の結果とは、交渉が有利な条件で成立する、ということだけではありません。相手にとっても満足してもらいやすく、自分の株も向上するということです。

私自身の経験で、ひとつ例を挙げるなら、転職によるキャリアアップがあります。私は過去に2回、ヘッドハンティングされていますが、そのたびに、与えられたポジションとしては最高レベルの待遇を得て、出世することができました。それは、実力でもぎ取ったわけではなく、実は交渉のたまものだったのです。

最初の転職は、いまから13年ほど前、P&Gに在籍していたときです。ヘッドハンターから、「フランスのロレアルが日本の化粧品メーカーを買収したので、営業責任者を新たに探している。小森さん、どうですか」

と声をかけられました。先方の役員にお会いすると、たちまち意気投合。「この会社なら移籍してもいいかな」と思いました。とはいえ、P&Gに不満があったわけではなく、もし転職に失敗したらいきなり無職です。そこで、

「P&Gでもらっていた年俸に、3割乗せて出してくれるなら行ってもいい」

と伝えました。ヘッドハンティングの年俸の相場は、移籍前と同額がセオリーです。高くてもせいぜい1割増し。たとえば、年俸が1000万円の人がいたとすれば、1000〜1200万円で落ち着くのが普通です。それが破格の3割増しです。ヘッドハンターからも

「小森さん、それはムリだ」

と言われました。私にしてみたら、だめならP&Gでそのまま働き続ければいいだけです。強気を崩さないでいたら、2、3カ月してロレアルから、

「希望額を出すからきてほしい」

という連絡がありました。私が折れないと悟ってヘッドハンターが一生懸命に交渉してくれたのです。そこまでがんばってくれたなら、異存はありません。17年間慣れ親しんだP&Gからロレアルに移籍することにしました。

それから3年後、別のヘッドハンターから声がかかりました。今度は、アメリカの高級ハンドバックメーカーのコーチが、アウトレットモールの責任者を探しているというのです。

前回と同じく、私は強気の交渉をしました。出した条件は、また3割アップです。今度はさすがのヘッドハンターも、なかなか「うん」とは言ってくれません。

コーチが探していたのは、いわゆるディレクタークラスです。コーチ社内ではもちろん、バック業界すべて見渡しても、ディレクターでそれだけの年俸をもらっている人はいません。私が出した条件は、これはもう役員クラスです。

それでも強気を崩さず、「だめなら移籍しない」と伝えると、ぱたりと音沙汰がなくなりました。「ちょっと言い過ぎたかな」と、さすがの私も思いました。ところが、半年以上たって、そんな話を忘れかけたころ、ヘッドハンターから電話があり、

「希望額を出すからきてほしいそうです」

と。本来、社内の規定ではその金額は出せないはずなのに、私のことを気に入ってくれた日本法人の社長がアメリカのオーナーにかけ合って、特別申請で認めてくれたのです。こうして私は実力ではなく、交渉によって業界最高年俸を勝ち取ったわけです。

言い切ると評価と実力はついてくる

私が強気に交渉できたのは、移籍しなければならない差し迫った事情がなかったからということがひとつにはありますが、それだけではなく、強気で交渉することが、いろいろな意味でよい結果を生むということを経験上、知っていたからです。

最初の転職のとき、ヘッドハンターは、私の提示した金額では「まとまる話もまとまらない」

と言いました。それでも私は、「自分にはその価値がある」と堂々と主張しました。

数値に根拠などありません。それでも人間の能力を測る正確な物差しなどあるわけではなく、そうである以上、自分の価値を自分で規定すれば、誰が何と言おうとそれが事実です。

不思議なもので、こちらが自信を持って言うと、相手もそう受け取ってくれます。「確かに優秀な人材だ。この人がほしい」ということになって、後は、年俸が用意できるかどうかの問題になります。

このとき、私の価値がいくらだったのか、それはわかりませんが、少なくとも、人間は一度下した評価をなかなか変えようとしないということです。

もし、仮に、前職と同額の金額で移籍に同意したとして、入社後、どれだけ頑張っても私は「それだけの人材」のままだったでしょう。逆に、最初から「それ以上の金額の人材」という立場で入社したら、そこから評価が下がらないのです。

大言壮語《たいげんそうご》してしまったこともあり、がんばらないと格好がつかないので、入社後、一生懸命に職務に励んだこともあって、それなりの成果を上げることができました。すると、他の日本人の社員と能力は大差ないのに、実績でちょっと上回っただけでも、「やっぱり、優秀だ。この人を採用してよかった」と満足してくれるわけです。

期待をされるので、役員に目をかけてもらえますし、すると、私自身も張り切って仕事をしますから、成績も比例して上がってきます。結果として、再移籍する3年後ぐらいには、すっかり「それだけの人材」というのが板についていました。

最初は大言壮語だったかもしれません。けれど、強気で言い張ることで、評価が上がり、実力もついてきました。みんなが満足できるよい結果になったため、私のよい噂が広がり、3年後に再びいい話が舞い込んできたのです。

第5章

仕事術

1 社内文書はＡ４・１枚にまとめよ

サクサク仕事を進めるために

ここでは、決断力というテーマからは少し外れますが、サラリーマン時代を通して培った経験から、一貫して結果を出すための仕事術についてまとめてみました。

最初にぜひとも伝えておきたいのが、ワンページメモです。これは、Ｐ＆Ｇで学んだ方法で、業務上の書類をＡ４の用紙1枚にまとめるというものです。実際に、社内連絡、上司への報告書、会議資料、稟議書などをすべて1枚にまとめていました。

社内文書は、組織内で起こっていることを情報共有し、経営の意思を伝え、全体の意思統一を図り、一人ひとりの役割分担、業務の進行状況を正確に把握するなど、組織運営にとってなくてはならない重要なツールです。現在は紙の文書からデジタルに移行しているとはいえ、その使い方や重要度に大きな変わりはありません。

重要なだけに、情報を正確に伝えようとすると、文章量がどうしても増えてしまいがちです。

そこをあえて、たった1枚に収めるのがワンページメモです。

ワンページメモが優れている点は3つです。

①考えをはっきりさせる

膨大な情報量を1枚の紙にまとめるには、核心に絞ってできるだけ短く簡潔にまとめる必要があります。この文章で伝えるべき焦点はどこにあるのか、何を伝え、何を省略すべきか、といったことを絞れないと短く簡潔に書けないので、とても頭を使います。これが考えをまとめる、とてもよい訓練になります。

たとえば、報告書でも、現場で起きたことを1から10まで伝えていたら、受け取った側も何に焦点を絞ればいいのかわかりません。ビジネスは的確な情報伝達がモノをいいます。大量で複雑な情報の中から伝えるべき情報をシンプルに集約して伝達することで、意思疎通の齟齬《そご》がなくなり、素早いアクションへとつながるのです。

②結果につなげる

「私は複雑なことは理解しない。単純なことだけを理解する。私の仕事は、各人にひとつの問題をいくつかの単純な事柄の集まりで分けてしまうことができるように訓練することだ。そうすれば我々はより理知的な行動が取れるのである」

これは、P&Gに伝わる格言のようなものです。

受け取った人にとって解釈が分かれるような複雑難解なメモでは、意思統一が図れず、自分の解釈で勝手に動くか、あるいは、どんなアクションにつなげていいのかわからず行動がとまってしまいます。その点、明確で簡潔なメモは、次のアクションを早めます。早い意思決定によって組織が迅速に起動し、素早く統一された行動によって結果を得やすくなります。

③時間の節約

だらだらと長い文書だと読むだけで時間がかかる上に、書かれている情報を理解し、ポイントを絞るのに時間がかかります。その点、ワンページメモは、読むのも早いですし、そもそも最初からポイントが絞り込まれているので理解するのも早くなります。

最初に頭を絞って明快、簡潔な文章にまとめることによって、その後、文書が巡っていく先々で、意思決定のサイクルが早くなり、ムダな時間を削減します。これが組織としての行動を早めるわけです。

ワンページメモは「決断力」磨きに役立つ

ワンページメモの具体的な書き方の例を紹介しましょう。

伝えたいことをA4・1枚にまとめるには、シンプルにポイントを絞ることが重要です。代表的な項目は、①「目的」、②「背景」、③「アイデア」、④「アクションプラン」、⑤「利点」、⑥「経費申請」、⑦「ネクストステップ」です。稟議書の1ページメモの代表的な項目は、

①目的：メモの目的をシンプルに述べる。
②背景：稟議書が必要なビジネス上の現状を述べる。
③アイデア：一言で何をしたいのかを述べる。
④アクションプラン：具体的な実践プランを説明する。
⑤利点：このプラン実施によるお客様、得意先、当社の利点を述べる。

⑥経費申請：申請金額と費用対効果を述べる。
⑦ネクストステップ：申請がOKになった後のステップを述べる。

次ページに「ワンページメモ」の書き方の見本を紹介しましょう。これはドラッグストアを得意先に持つメーカー営業が行った消費者キャンペーンの経費申請をするときに使う稟議書の例です。

ポイントは、30万円の経費申請が1ページにまとめられていることです。このように情報がシンプルにまとまっていると上長のマネージャーも読みやすく、OKを出しやすくなります。

このワンページメモを書く習慣をつけることで目的思考、戦略思考、企画力がトレーニングされます。本書の目的である「決断力」向上のポイントの考え方が、1ページメモにも応用できるのです。

○○マネージャー殿　　　　　　　　　　　　　　平成29年8月4日

○○チーム　小森康充

特別キャンペーン新規客獲得企画（経費申請）

「目的」

重要得意先○○ドラッグ（30店）にて売上目標130％（10月～12月）を達成すること

「背景」

競合のA社が特別キャンペーンを10月に企画、1000万円の目標売上を提案、ナンバーワンの取り組みメーカーとしての当社は、売上目標2000万円（130％）達成のために強力な企画が必要

「アイデア」

大型新製品A、Bの発売にともない新規客獲得目的の消費者キャンペーンを実施。A、Bの2ブランドで600万円の売上アップを達成する

「アクションプラン」

新製品A、Bお買い上げの顧客に消費者キャンペーンを実施、新規客の獲得と客単価のアップを促進する。具体的なキャンペーン内容は○○○、得意先のチラシ、DMにもキャンペーンの掲載依頼、得意先スタッフ向け説明会を9月に実施

「利点」
・新製品の特別キャンペーンでお客様の満足度向上によるロイヤルユーザー獲得
・売上目標達成（2000万円）
・バイヤー、店長との信頼関係構築

「経費申請」

30万円のキャンペーン経費を申請（売上経費率5%、600万円に対して）

「ネクストステップ」

8月末に企画社内決定、9月初旬にバイヤーに商談、合意予定

以上

2 「ホームランバッター」であれ

成功者は過去に1回は失敗している

次は、組織で出世する仕事術についてお話ししましょう。

私がP&Gに入社したときの社長は、オランダ出身のダーク・ヤーガー氏という人でした。青息吐息だった日本法人の立て直しを託され、数年でV字回復を成し遂げたP&Gジャパンの立役者と言っていい存在でしょう。気さくな人柄もあってか、入社したての若者だった私たちにも気軽に声をかけてくれるようなところがありました。

そんなヤーガー氏に、あるとき若手社員が

「どうしたら、ヤーガーさんみたいに出世できるでしょうか？」

と、聞いたときのことです。

「出世するにはコツがある。野球のバッターでも、3割を超えたらレギュラーに定着する。だからこそ、10回打席に立ったら、なんとしても食らいついて3回はヒットを出しなさい。そのかわり7回は空振りでもいい。アベレージ3割をキープしていれば、打席に立ち続けられる。でも、そういう選手は他にも大勢いるので目立ちません。サラリーマンは目立たないとダメ。だから、3本のうちの1本は必ずホームランにすることが大切なのです。私がずっとやってきたのは、たったそれだけのことなんですよ」

一発だけは大きなホームランを打て

ヤーガー氏は優秀な経営者でしたが、実は失敗も少なくありませんでした。多大な予算をかけて大々的にスタートした事業が大コケしたことも何度かあります。その反面、成功したときの派手さもすごいのが、ヤーガーさんです。

すると、成功と失敗で差し引きゼロぐらいでも、不思議なほど、大成功の記憶しか残らないのです。一発大きなホームランを当てると、それまでどれほど失敗を重ねても、霞んで見えなくなってしまうようです。

ヤーガーさんが、野球にたとえたのは、このためでしょう。打者というのは、10回打席に立って、7~8回はアウトになって、塁に出るのは2~3回です。そうすると、2回ヒットを打ったか、3回だったか、観客はそんなことはいちいち覚えていません。

打率2割と3割の違いは大きいものの、観客の心には、直接、響かないものなのです。そこで、打率は同じぐらいでも、ホームランを1本打っただけで、がぜん大活躍しているように見えるというわけです。

これと同じでヤーガーさんに限らず、みんな成功と失敗を繰り返しています。打率そのものは大きく変わりません。けれど、失敗のリスクを恐れて無難なところを攻めていると、失敗したときの損失も小さいかわりに、成功したときのインパクトもさほどではないので目立たない。

これに対して、失敗も多いけれど、10回に1回ぐらい大ホームランを打つと、そこばかりが目立つというわけです。

3 上司は大いに利用しよう

確認はこまめにして巻き込め

ここからは、組織をうまく活用して結果を導く仕事術について考えてみたいと思います。

会社組織というのは、共通の目標に向けて助け合うためにあるということを、私たちはつい忘れがちです。

どうも日本人の場合は、「自分がやらなければ」という思考に凝り固まってしまうことが多く、仕事を抱え込んでどうにもならなくなる、というきらいがあります。これは本人にとってはもちろん、組織にとってもよくありません。

上司や部下はもちろん、持ち場の異なる同僚たちも、役割分担こそあれ、共通の目標を成し遂げるために協力する関係にあります。個人目標は、会社の目標の一部であり、同僚が自分の目標を達成するためには、あなたの目標も達成してもらわないと困ります。

自分の夢や目標のために、周りをどんどん巻き込んでしまうことは、むしろ会社や仲間にとっていいことなのです。

特に、頼りになるのは、上司の存在です。言葉は悪いかもしれませんが、自分の目標達成のために上司を大いに利用すべきでしょう。こう言うと、

「そんなことしていいの?」

とおよび腰になってしまう人もいると思いますが、上司というのはそのためにいるのです。

私自身、上司を自分のために利用してよいのだということに気づいたきっかけがあります。

上手なチェックでプレゼンは大成功

あるとき、会社としても大きな挑戦になる取引に挑むことになった際、上司から指名されて私がプレゼンを担当することになりました。会社の命運を握るかもしれない大役を任され、うれしさとともに大きなプレッシャーを感じていたのを上司は見抜いていたのです。

「頑張ってすごいプレゼン資料を作ります。だから、1週間ください」

とお願いする私に、上司は、意外なことを言うのです。

「わかりました。だけど、小森さん。1週間と言わず、資料が3分の1できたところで、私が一度目を通すから持ってきてくれますか」

「え?」

と、私は言ったまま答えられなくなりました。上司の言う意味がわかりません。もちろん、プレゼン資料ができたら、上司にチェックしてもらうのは当然です。

しかし、それは完成してからでいいと思い込んでいました。未完成のものを上司に提出するという考えがなかったのです。私が気落ちしているのを察した上司は、さらにかみ砕いて説明してくれました。

「資料を作って、1週間後に完成して持ってきたときに、これはダメだから修正してくれ、となったら時間のムダでしょう。だいたいの流れができたところだったら、そこで修正を指示できるじゃないですか」

なるほどと、合点した私。2日後、資料が3分の1できたところで上司に提出し、修正する指示を受けて、さらに2日後、3分の2まで完成したところで、再度見てもらいました。

今度は上司だけでなく、他の部員の意見も出してもらい、1週間後に資料が完成。私ひとりでは到底できない資料ができあがりました。その資料を持ってプレゼンに挑んだ結果、見事、契約成立となったのです。

会社にとっても大きなチャレンジになる重要なプレゼンです。部としても一丸となって取り組まなければなりません。たまたまプレゼンは私が担当することになったものの、上司としても私に責任を押し付けるつもりはなく、部全体でバックアップするから頑張れ、と背中を押してくれたわけです。

また、直属の上司に加えて、二階級上の上司とコミュニケーションすることもポイントです。私が営業のとき、商談成功レポートは上司の課長に加え、上司の上司である支店長にも添付しました。そのことで支店長のアドバイスももらえ、より仕事が楽しくなるのです。

4 足りない能力は人の力を借りろ

どぶ板営業はうまくいくとは限らない

もうひとつ、仕事を抱え込む必要はない、ということに気づいたエピソードがあります。それはまだ、私が新人営業の時代に、それまで取引のなかった小売店のバイヤーに初めてアポが取れて、商談に出かけたときのことです。私はサポートで、商談は先輩が担当しました。

相手のバイヤーに会うのも、もちろん初めて。軽い緊張感はあるものの、それ自体はよくあること。先輩はいつもの調子で、商談に入りました。

ところが、商談が進んでいくと、バイヤーからの質問に一方的に答えるだけになり、結局、その日は契約できませんでした。帰り道でのこと、先輩の運転する車でオフィスに戻る途中、何を思ったか、ふと先輩は車を道路わきに停車させ、そのままじっと黙って考えごとをしてい

る様子です。しばらくたってから、

「先輩、どうかしたんですか」

と尋ねると、先輩はこういうのです。

「小森、あのバイヤーをどう思う」

「はあ、ずいぶんむずかしい質問をされる人だなと」

「だろう。あの人、切れもんやわ。おそらく、俺では何度会っても無理や。説得でけへん」

「じゃあ、どうするんですか」

「うん、課長に出てもらうのがいいか、それとも、卸会社に協力してもらうか、それを考えているんや」

私はその話を聞いて、「なるほど」と得心しました。

誰が契約にこぎつけるのかが、大事なのではない、何といっても、そのころの私の営業スタイルは、バイヤーのところに何度も通って強気で商談するという典型的などぶ板営業。断られても断られもまた訪問し、契約がとれるまでひたすら日参するというものでした。

結果的に、何度通ってもダメなこともありましたが、そのときの私には、他の人の力を借りる、誰かに変わってもらう、という発想はなかったのです。しかし、考えてみれば、会社が私たちに求めているのは契約することです。自分ではなく誰かに変わってもらって契約できるならそれでいいわけです。

先輩がすごいのは、自分には説得できないということを最初の訪問で見抜いたことでしょう。自分には説得できないけれど、契約は取らなければならない。ならば、とるべき手段は、自分以外の第三者に手伝ってもらうか、代わりにやってもらえばいい、ということになるわけです。

ここで大切なポイントは、誰に頼めばいいのかを考えることです。上司、本社の企画課長、パートナー卸の部長など、商談の目的とバイヤーの性格によってキーマンは変わります。

そして、こちらがキーマンを連れていくのですから、得意先にも、バイヤーの上司、部長の同席を頼めばいいと思います。お互いの上司同士で、話をしてもらうのも、重要なポイントになります。

5 フラグを立てよ

毎月、自分の夢や目標を言葉にせよ

では、実際に周りの力を借りるには、どうしたらいいのでしょうか。

声をかけて「ちょっと手伝ってください」とお願いするというのもありますが、むしろ、自分の夢や目標に周りを巻き込んでしまうほうが、仕事はうまくいくことが多くあります。

私が、サラリーマン時代に実績を残すことができたのは、まわりを巻き込むのがうまかったからではないか、と振りかえってみると思います。というのも、当時は意識してやっていたわけではなく、たまたまそうなったという部分が大きいからです。

若さも手伝って、営業目標でも何でも、他の人の倍ぐらいの数字を上げて、それを会議などで言ってしまう。まったく根拠のない数字でないとは言え、半分は勢いです。言って後悔することもあるのですが、発表してしまった以上はやるしかありません。必死になって駆け回っているると、その姿を周りの人が見ているのです。

行き詰って困っていると、誰彼となく声をかけてくれてアドバイスしてくれたり、人を紹介してくれたりということが多かったことを覚えています。会議で大きなことを言ったので、

「小森ってあいつか」

と覚えてもらえるのです。そのため何となく気にかけてくれて、困っている様子を知って手を差し伸べてくれたというわけです。社内だけでなく、取引先の卸やバイヤーにも、普通は、

「買ってください」

「契約してください」

というところを

「和歌山県で一番になりたいんです、お願いします」

と素直に言ってしまう。すると、卸店の営業部長やバイヤーには、「おもしいやつだな」と映ります。毎日朝早くから得意先を回って、一生懸命やっている姿も見ていますので、「ちょっと手を貸してやるか」ということになるわけです。

このように、周りの人が思わず注目してしまうようなふるまいをすることを、私は「フラグを立てる」と呼んでいます。

大きなビジョンを自分の胸の内に密かにしまっておくのではなく、あえて言葉にしてしまう。勇気のいることですが、それをやることで、周りの人に自分の存在を知ってもらうことができるのです。とはいえ、とにかく大きなことを言えばいいわけではありません。

本当の協力者を見分けよう

①達成可能であることが前提

まず、宣言する以上、達成するつもりがあることが前提です。目立ちたいだけの無謀なチャレンジではなく、少なくとも理屈の上では達成可能である必要があります。そうでなければ、手助けされて結局は達成できないと、単なる嘘つきになってしまいます。

②必死で努力する

自分で宣言した大きな理想に、必死で挑んでいく必要があります。

大きなことを言えば振り向いてくれる人はたくさんいますが、すぐ手を差し伸べてくれるわけではありません。本気かどうか、しばらく様子を見ます。

その結果、必死な様子から、どうやら本気でやろうとしているらしいと認めたときに、初めて手を差し伸べてくれるのです。

③周りがワクワクするような目標をたてる

「前年比で105%やります」といった無難な目標では当たり前すぎて、誰も振り向いてくれません。かと言って、とにかく大きなことを言えばいいのではなく、みんなから「それ、おもしろい」と感じられるような目標を設定できることが重要です。

④ノウハウを提供する

フラグを立てた結果、協力者のサポートが得られたら、自分が協力してもらうばかりではなく、大きな目標に挑んだ過程で得られた人脈、ノウハウ、ツールなどを他の人にも公開し、組織に対して貢献しましょう。

協力してくれた人に、直接、恩返ししてもよいのですが、個人的な利益ではなく組織全体の活性化を図ることがより大切です。

フラグを立てた結果、誰もが協力してくれるとは限りませんね。中には「目立ちたがりだ」と反発する人もいるでしょう。しかし、考えようによっては、本当の協力者・理解者と、表面上だけの同僚・先輩を見分けるいい機会ともなります。

本当に苦しんだとき、どうしてもやらなければならないとき、本当に助け合える仲間は誰なのか、見極めることができれば、それはあなたの人生にとってかけがえのない宝物になります。

エピローグ

人は変われる

自信を持てば人生は切り拓ける

外資系企業というのは厳しいところで、どれだけの年数を勤め、過去にどれだけ実績があっても一定の成果を上げなければ、いつ首が飛ぶかわからない世界です。

そんな外資系企業で20数年間にわたって勤務してきましたが、いま振り返ってみると幸せなサラリーマン生活だったと思います。

周りの人にも恵まれ、いろいろな体験をさせてもらい、収入もポジションも意外なほど順調に上り詰めていきました。厳しさもありましたが、おかげで私自身、ビジネスマンとして成長することができ、コンサルタントとしての仕事のベースにもなりました。

こう言うと、順風満帆な人生のように思えるかもしれませんね。しかし、私はもともと、そんな優秀な人材ではなく、性格もひねくれていて、ちょっと足を踏み間違えていたら、箸にも棒にもかからないような人間だったかもしれません。

そんな人間でも、人生を切り開くことができる、ということを私自身の経験から少しお話したいと思います。

いまでこそ体力には自信のある私も、小学校の低学年の頃まではとても身体が弱く貧弱でした。病気がちで、しょっちゅう学校を休む虚弱児として有名で、扁桃腺《へんとうせん》を腫らして高熱を出しては耳鼻科にいき、カゼをひいては内科にいき、足腰も弱かったので、すぐ転んでけがをしては外科にもよくお世話になっていました。

学校へ行ったら行ったで、勉強もスポーツもからっきしで、コンプレックスの塊。嫌なことばかりの学校なんて苦痛でしかありません。

そんな私に、人生初の転機が訪れたのは小学校6年生のときです。きっかけは、その2年前に、「このまま育ったらどんな情けない大人になるのだろう」と心配した祖父に連れられ、なかば無理やり水練学校に通うことになったことが背景にあります。

いまでいうスイミングスクールのような気の利いたところではありません。屋根も囲いもない野ざらしのプールで、とにかく延々と泳がされるのです。

それでも私にしてみれば、学校へ行くよりはましだったので、言われるまま通っているうちに何となく平泳ぎのコツをつかんで、「あれ、これは得意だな」という気持ちが湧いてきました。

するとの、がぜん水泳が楽しくなって、熱心に練習に取り組むようになり、通い始めて2年目の夏には優秀な生徒だけがもらえる白帽を獲得するまでに成長していたのです。

身体が弱くて貧弱で、勉強もスポーツもだめと思っていた自分に「僕は水泳が得意」という意識が芽生え、積極性が出てきました。

頑張ればできると信じよう

そうして、運命の小学校6年生の夏を迎えます。私の人生の中で最初の転換点でした。

夏、プールの授業がありました。6年生の全クラス、240人ぐらいがプールサイドに座らされたところで、私ひとりが学年主任の先生に呼ばれたのです。で、他の生徒に向き直ると、

「これから小森に平泳ぎをやってもらう。みんなよく見ておけ、小森の泳ぎを見本にするんだぞ」

と言うわけです。私はその観衆の中、25メートルプールをたったひとりで泳いだのです。このとき、私の中で何かが変わりました。勉強もスポーツもだめ、何のとりえもない少年だと思

っていた自分が、240人の中で一番平泳ぎがうまいと認められたのですから。

私より体力がある人、スポーツが得意な人、勉強ができる人はたくさんいます。だけど、それまで「まったくダメな少年」だったので、スポーツでちょっとした賞をとり、勉強で成績上位に少し食い込んだだけでも、ありえないことで、これが自信につながったのでした。

頑張れば自分にもできるんだ、という思いに目覚めた私は、スポーツも受験も無難に乗り切り、大学に入るとボートに熱中。全日本級の選手を含めた中でもまれながら、頑張って1軍にまで昇格したのです。そうして、社会人になってP&Gに入社したころには、

「頑張って、この会社のトップセールスになるぞ！」

という大それた野望をいだくまで自信満々になり、モーレッツに働いて本当にトップ賞をとったのです。とはいえ、この頃の私もいたって凡人で、秀でた能力はありませんでした。それでも、自分でも「やればできるのだ」というスイッチに切り替わったことで、ここまで昇ってこられたのです。

専門的には、このような心理状態を自己重要感とか自己肯定感と言います。「自分などとるに足らない人間だ」「何をやってもだめだ」といった自信喪失状態の対極にある心理で、「自分

は価値ある人間であり、能力を認められたい」という欲求の源です。ビジネスマンに必要な能力には、個人でそれほど大きな違いはなく、自分に自信を持つかどうかでまったく結果は違ったものになるのです。

苦労は糧になる

小学校6年生で、水泳をきっかけに自信をつけた私は、中学、高校とどんどん調子に乗っていきます。ひ弱で、しょっちゅう病院通いしていた少年が、カゼ一つひかなくなり、引っ込み思案で暗かった性格も明るく活発になり、勉強に、部活に、大いに青春を満喫していました。ただ、唯一、きつかったのが水泳部の練習です。特に、高校の水泳部は強豪校でもあったので、練習がとても厳しくて、毎日へとへとになるまで泳がされました。中でも、もっとも辛かったのが夏合宿です。

夏休みになるとOBの大学生が練習をコーチに来るのですが、このしごきが超過酷。普段の練習以上に泳がされるのはもちろん、少しでもだらけている様子を見せると、すぐに頭を叩かれます。

泳ぎの練習では50メートルごとに制限タイムをつけられ、これがものすごくきつい。1本だけだったらできても、延々やらされるのでだんだんとタイムが落ちてきます。設定タイムを下回ると、

「いまのはやったうちに入らない」

とダメ出しされ、容赦なく1本の追加です。

ようやく最後の1本になって、「やっとこれで終わる」というときに、OBが言うのです。

「ラスト1本、ベストタイムプラス3やな。これを切ったやつから上がっていいぞ」

と。新たな設定タイム切るまでやらせるということです。こちらはヘトヘトなので、もうごめんです。みんな、すでに体力も限界に近いけれど、死に物狂いでラスト1本を泳ぎます。ところがです。OBの設定した「ベストタイムプラス3」を切ったとしても、結局は許してくれません。

「おまえ、おかしくないか。最後の1本で5秒も上がっているよ。全力出しきってない証拠だ。体力が残ってんなら、あと10本追加だ」

設定タイムを切っても追加、切れなかったらもちろん追加です。どうやっても永遠に続くわけです。結局、夕食の時間が迫ってきて練習時間が終了するまで続きました。

そこで、ＯＢの指示を素直に受け入れ、「必死に頑張っています」というアピールもうまい人から許されるのですが、私のようにふてくされていれば、とことんやらされます。

理不尽なことにも意味はあった

この猛烈なしごきを高校時代に経験した私は、目つきが悪く、めったに笑わなくなり、態度も大きいし、いつも怒っているような感じです。そんな風貌と態度のせいで、大学時代についたあだ名が「ヤクザ」。やくざ映画全盛の時代で、男は硬派が格好いいという風潮だったこともあり、私もまんざらでもなく、無頼な若者を気取ったりしていたものです。

しかし、悪いことばかりではありません。理不尽なしごきに耐え続けたことで、精神力と体力は人並み以上に鍛えられました。

大学を卒業し、社会人になってからも、会社や社会で、ときには辛いこともたくさんありました。理不尽な仕打ちにあったことも多々あります。けれど、高校時代に水泳部の夏合宿で経験したほど辛くもなければ、理不尽でもありません。あの経験があったからこそ、何があっても私は耐えることができました。

P&Gに入社して、営業として働き始めると、部活で鍛えた体力を武器に根性営業で走り回りました。ときには、心ない言葉をかけられることがあっても、気になりません。通い続け、売り込み続けたおかげで営業として結果が出て、自信もついてきたのです。

「きっとできる」と信じ抜け

大学を卒業してP&Gに入社して、13年ほどたち、中堅社員になったころのことです。入社当時から貫いたスタイルのまま、相変わらずぶっきらぼうで、とても営業とは思えないほど無愛想だった私でしたが、根性営業で営業成績を上げ、順調に出世していました。

そうしてあるとき、発売されたばかりのアリエールの販売コンテストで全国トップ10の成績をあげ、表彰されることになったのです。

その表彰式でのこと、壇上に上がる私に表彰状と記念の盾を渡してくれたのは、ボブ・マクドナルドさんという当時のP&Gジャパンの社長をされていた方です。海軍士官学校を出て軍役に服した後、ビジネス界に転身した変わり種でしたが、とても優秀な人で、最終的にはP&Gの世界トップまで上り詰めています。

そのマクドナルド社長に賞状と盾を手渡され、ふたりで手を握って会場にアピールしているときです。彼が私に向かって、

「小森さん、素敵な笑顔ですね」

と、片言の日本語でそっと耳打ちしてくれたのです。会場内に響く拍手の音と歓声でかき消されそうな声でしたが、確かにそう聞こえました。私は、とっさに、「聞き間違えたのかな」と思いました。なぜなら、そのときの私が笑顔であったはずがないのです。

学生時代から仏頂面で態度が大きく強面だったことから「ヤクザ」と呼ばれ、P&Gに入社してからも、先輩たちに「顔が怖い」を言われ続けていた私です。もちろん、営業をやっているので、少しは笑ったほうがいいのではないか、と私も感じていました。

だけど、大学時代の友人に「営業をやっている」というと、「お前のような態度で営業など

務まるはずがない」と言われたことで、かえって意固地になりました。「そんなに言うんだったら、この仏頂面のまま営業トップになってやる」と妙な反骨心が湧いてきて、根性営業で一定の成績を上げ、それなりに出世もしていました。

私にとって、仏頂面は持ち味であり、意地でも笑わないつもりでいました。それでなくても、衆人環視《しゅうじんかんし》の中、スポットライトを浴びて舞い上がっています。がちがちに緊張していたので、きっと顔が引きつっていたはずです。

そんな笑顔ではない私になぜ、マクドナルド社長は、あんなこと言ってくれたのだろう。それがずっと私の中でひっかかっていました。

しばらく、私の中で謎だったのですが、ふとあるとき、世界ナンバーワントレーナーだったボブ・ヘイドンさんの薫陶《くんとう》を受けた20歳代のころの記憶が戻ってきました。

ある日、ヘイドン氏を囲んだミーティングの席で、トレーナーとしての心構えとして大事なことは何か、という話になったとき、ヘイドンがこう言ったのです。

「人と人との信頼関係を構築するためには、相手を宝物と思うことが大事です。いまはできなくても、1カ月後、1年後、必ず彼はできるようになると信じ抜き、そして温かい言葉をかけてあげてください。トレーナーであるあなたたちが信じることができれば、きっとその人はできるようになります」

ここでマクドナルド社長が「小森さん、素敵な笑顔ですね」と言ってくれた謎が、やっと解けたのです。あのとき、表彰台で私を待ち受けるマクドナルド社長は、仏頂面で壇上に登ってくる私を見て、こう思ったはずです。

「彼がアリエールをたくさん売ってくれた小森君か。それにしてはちょっと笑顔がないな。何か苦しそうだ。彼は、楽しんで仕事をしていないのではないか。でも、いまの彼でこれだけの成績が上げられるなら、笑顔になって楽しく仕事ができるようになれば、もっと売り上げが上がるだろう」

この話は、マクドナルド社長に確認したわけではないので、あくまで私の解釈です。でも、きっとそうに違いありません。なぜなら、

「素敵な笑顔ですね」

と言われたことがとてもうれしくて、私はこのときを境に本気になって、表情の練習に取り組むようになったのです。

人は変われる

人は変われます。私は変わりました。ひ弱で泣き虫だった私が、水泳で自信をつけて、自信満々な人間になりました。おかげで、中高、大学、社会人の始めのころまで、伸び伸びと日々を過ごし、毎日が充実していました。やがて自信満々が過ぎて、それが鼻持ちならない傲慢さに変わってしまい、人生を踏み外しそうになってしまっていた私をボブ・マクドナルド社長は、その一言で変えてくれました。

人は変われます。どんな人でも変われます。
1カ月後になるか、1年後になるのかわかりませんが、きっと変わります。
あなた自身もそうだし、あなたの部下や周りの人もそうです。
あなたが信じることができるのなら、きっと人は変わるのです。

おわりに

最後までお読みいただきありがとうございます。

「決断力はトレーニングできる」ことをご理解いただけたでしょうか。ここでお伝えしたいことは、本書で学んだ「決断力の８つの原則」を実践することの大切さです。

私は現在、研修講師として年間１５０回ほど研修をしていますが、研修に参加しても復習、実践をまったくしなければ３カ月ほどで学んだスキルをきれいに忘れてしまいます。

トレーニングの３ステップは①知識（わかっている）⇒②スキル（実践できる）⇒③習慣化（無意識で実践できている）です。

本書で学んだ知識を日々、実践してスキルレベルに落とし込んでください。そして無意識で実践できる習慣化のレベルを目指していただきたいと思います。そのことがビジネスリーダーのあなたの業績を長期的に達成する行動変革になるからです。

「決断力の８つの原則」を実践することで、効果的にビジネス目標を達成し、結果を出すことができます。本書のスキルを実践し、決断力のあるすばらしいビジネスリーダーとして活躍することを期待しています。

最後に本書の発刊にあたり、いままで私を励まし、ご指導いただいたみなさんにお礼を申し上げたいと思います。

実践トレーニングスキルを伝授してくれた元P＆G世界トップトレーナーのボブ・ヘイドン氏、P＆G時代からお世話になった上司、先輩・後輩のみなさん、そして研修講師として独立した現在も、支援してくれている多くの方々のお蔭で、いまの私があります。

そして何よりも私を育ててくれた両親と日々、多忙な私を暖かく見守ってくれている妻の紀子、娘の美紀に感謝します。また、本書の出版においては、生産性出版の副編集長村上直子さん、さまざまなアドバイスをくださった太田聡さんに、大変お世話になりました。

すばらしい決断力のストーリーマップ（研修で使う楽しい漫画）を描いてくれた似顔絵白黒部門世界チャンピオンの村岡ケンイチさん、イラストレーターの宮澤槙さんにも、この場を借りてお礼申し上げます。感謝の気持ちをこめて。

著者

付録 巻末ドリル

決断力の８つの原則のどれが実践できて、どれができていないかを自己評価しましょう。

原則１　「具測達一」の原則で目標設定しよう

【ワークショップ①】
目標は「具体的、測定可能、達成可能、一貫性」のあるものにすることです。次のドリルに取り組んでみましょう。

あなたは仕事の目標設定をどのようにしていますか？
具測達一の原則で５段階評価してください。
（５：完璧にできている、４：できている、３：ふつう、２あまりできていない、１：まったくできていない）

①具体的
目標は常に数字、期限、固有名詞を入れて立てている
（　５　４　３　２　１　）

②測定可能
目標の途中経過を把握し、上長、チームメンバーと共有している
（　５　４　３　２　１　）

③達成可能
目標は達成可能かつチャレンジングな目標を立てている
（　５　４　３　２　１　）

④一貫性
目標は会社、チーム、得意先の目標と一貫性のあるものを立てている
（　５　４　３　２　１　）

どの項目ができて、どの項目ができていないですか？

上記の評価をみて、今日からどのように目標設定をしますか？

原則2　Best Practice　決断する事柄に関する情報を多く集めよ

【ワークショップ②】
多く集めた情報からベストプラクティスを選定し、それをFACT、MATH、LOGICで分析することです。

（**記入例**）先月のセールスコンテストで、チーム20人の営業の中で18位で成績が上がりませんでした。ベストプラクティスのトップ賞を獲得した山本先輩を「FACT」「MATH」［LOGIC］で分析します。

①FACT（事実）
先月のセールスコンテストで山本先輩は20人の営業の中でトップ賞を獲得した。
②MATH（数字）
山本先輩の先月の契約件数30件、売上2000万円、目標達成率140％。
③LOGIC（論理、山本先輩の成功ポイント）
・信頼関係の構築力がすばらしい。山本先輩は、正直、誠実な態度と得意先の話をよく聞く営業スタイルで、得意先の信頼度が抜群である。
・商品知識、業界知識をよく勉強している。山本先輩は得意先からの商品、業界の質問に的確に応えることができる。それが説得力となり、クロージング力が強い。
・コミットメントが強い。山本先輩の「何が何でもトップセールスを達成するぞ」という気迫がすばらしい。
これらの3ポイントを私も学び、しっかりと実践していくことにする。

あなたの仕事上、またはプライベートの「ベストプラクティス」（成功事例）は何ですか？　それについて以下の3点セットで分析しましょう。

①FACT（事実）

②MATH（数字）

③LOGIC（論理、成功のポイント）

原則3　正しいことをせよ

【ワークショップ③】

Do The Right Thing

ビジネス上の決断は、会社方針と一貫性のある正しい決断をしなければなりません。よくある会社方針は、「正直誠実」「顧客満足」「信頼関係」というものでしょう。

あなたは仕事上の行動で「Do The Right Thing」が実践できていますか？
５段階評価してください。

（5：完璧にできている、4：できている、3：ふつう、2あまりできていない、1：まったくできていない）

①正直誠実な態度、会社のルールを守っている、時間は守る、ウソはつかない

（　5　　4　　3　　2　　1　）

②上司への報告、提出書類（レポート）は常に正直誠実に期限までに報告している

（　5　　4　　3　　2　　1　）

③信頼関係

チームメンバー（先輩、後輩）を尊重し、「FOR YOU」の精神で信頼関係構築につとめている

（　5　　4　　3　　2　　1　）

どの項目ができて、どの項目ができていないですか？

上記の評価をみて、今日からどのように行動変革をしますか？

原則４　長期的視点を持て

【ワークショップ④】
自分の軸を持ち、自分は何者かを知ることです。

質問①　あなたは何者ですか？

質問②　自分の軸を持っていますか？

質問③　自分は日々、何をインプットしていますか？
⇒人の話、書籍、インターネットから何を受け入れていますか？

質問④　自分は日々、何をアウトプットしていますか？
⇒何を話しているか？　何を書いているか？　どのような行動をしているか？

質問⑤　今日からどのように行動変革しますか？

原則５　OGSMで目標と戦略を明確にしよう

【ワークショップ⑤】
OGSM
あなたの仕事上の目標と戦略は何ですか？　OGSMで設定しましょう。

①Objective（目的を言葉で）

②Goal（目標を数字で）

③Strategy（戦略、言葉、数字の3つで作成）

④Measurement（戦略の測定方法、レポート、またはメンバーとのミーティング日時）

OGSMのどの項目ができて、どの項目ができていないですか？

上記の評価をみて、今日からどのようにOGSMの目標設定をしますか？

原則6　コミットメントを獲得する

【ワークショップ⑥】
「何が何でもやってみせる」という決意を持つことです。

あなたの今月の目標に対するコミットメント（決意）は、以下の5段階評価で何番ですか？

【コミットメントレベル（決意のレベル）】

5：何が何でも、目標達成してみせる。

4：目標達成に対し、最大の努力をする（努力はするが、結果達成できないかもしれないな）。

3：目標達成できるかもしれないけど、できないかもしれないな。とりあえず仕事を始めるか。

2：目標達成はしたいが、努力するのはいやだ。楽して仕事をしたい。

1：目標達成に興味はない。したくない。

なぜ、このコミットメントレベルなのですか？

5番の「何が何でも目標達成してみせる」のコミットメントになるには、何が必要ですか？

原則７　Objective Mind　目的思考を常にもとう

【ワークショップ⑦】
「Need to have」と「Nice to have」の違い
目的が明確になれば、何が「Need to have」（必要な仕事）で、何が「Nice to have」（必ずしも必要でない仕事）かがわかってきます。

重要なことは「Need to have」の仕事に集中して「Nice to have」の仕事をやめることです。それが生産性向上のキーポイントです。

① ビジネス上の行動に常に「目的は何か？」を自問自答していますか？

②「Need to have」と「Nice to have」の違いを理解できていますか？

③「Need to have」と「Nice to have」の仕事を分けて、「Need to have」の仕事に集中できていますか？

原則８　Consumer is Boss　お客様がボスである

【ワークショップ⑧】
ヴィジョンは何か？　誰のために働いているか？

①あなたの会社のヴィジョンは何ですか？

②あなたは誰のために仕事をしていますか？

③あなたの会社のお客様は誰ですか？

④ビジネス上の決断は、「それはお客様を笑顔にできるか？」を指針にしていますか？

⑤今日から「Consumer is Boss」（お客様がボスである）をどのように使いますか？

【著者紹介】

小森康充（こもり・やすみつ）

1962年生まれ。同志社大学卒業。P&Gジャパン、日本ロレアル、COACHジャパンなど、実力主義の外資系企業で20年間の営業キャリア、人材育成キャリアを積む。その後、神戸学院大学客員教授に就任。2009年、営業力強化コンサルタントとして独立。

P&G時代は、常にトップクラスの営業成績をあげ続け、当時、P&Gトレーナーの世界トップであったボブ・ヘイドンよりコミュニケーションスキルとマネジメントスキルを直接学び、営業トレーナーとしても社内や得意先の人材育成に貢献。アジアパシフィック最優秀マネージャーなど、数々の表彰を受ける。また、世界No.1サクセスコーチと言われるアンソニー・ロビンズのコーチングスキルを習得。20年間の実績が証明する卓越したスキルと世界NO.1コーチングスキルをミックスした独自のスキルを確立。わかりやすく実践的な指導には定評がある。

URL：http://www.giantkevin.com/

仕事ができる人はなぜ決断力があるのか

2017年11月25日　初版　第1刷発行©

著　者　小森康充

発行者　髙松克弘

発行所　生産性出版

〒150-8307　東京都渋谷区渋谷3-1-1
日本生産性本部
電話03(3409)1132(編集)
03(3409)1133(営業)
http://www.jpc-net.jp/

印刷・製本　シナノパブリッシングプレス

Printed in Japan
乱丁・落丁は生産性出版までお送りください。お取替えいたします。
ISBN 978-4-8201-2074-2